Harmonia
Fundamentos de arranjo e improvisação

Paulo José de Siqueira Tiné

Harmonia
Fundamentos de arranjo e improvisação

3ª edição revista e ampliada

Rondó
São Paulo - 2020

Dados Internacionais de Catalogação na Publicação (CIP)
(Câmara Brasileira do Livro, SP, Brasil)

Tiné, Paulo José de Siqueira
　　Harmonia: Fundamentos de arranjo e improvisação / Paulo José de Siqueira Tiné. --
São Paulo : Rondó, 2020.

　　Bibliografia
　　ISBN 978-85-89812-02-3

　　I. Título. II. Título: Harmonia: Fundamentos de arranjo e improvisação

03 – 3646　　　　　　　　　　　　　　　　　　　CDD – 781.11

Índices para catálogo sistemático :

1: Harmonia - Fundamentos de arranjo e improvisação :
　　Música　　781.11

Copyright © 2020 Paulo José Siqueira Tiné

Revisão:
Capa: Mauricio Zabotto
Projeto gráfico miolo: Daniele Fátima de Oliveira
Diagramação: Maria do Carmo de Oliveira

Rondó / Attar Editorial
Rua Madre Mazzarello, 336
cep 05454-040 – São Paulo - SP
fone / fax (11) 3021 2199
attar.com.br / attar@attar.com.br

contato com o Autor: paulotine70@hotmail.com

A primeira edição desse livro foi realizada com apoio da FAPESP

Agradecimentos

Ao Celso Cintra pelo seu texto, ao Anselmo Gimenez pelas figuras, ao Sérgio Rizek por toda ajuda.

Ao meu professor de harmonia Ricardo Rizek e a todos os alunos e músicos que me acompanham.

À FAPESP pela ajuda e pareceres na primeira edição desta publicação.

Aos meus pais, esposa e filhos.

Sumário

Apresentação	XI
O trabalho e a reflexão (Celso Cintra)	XIII
1 Notas evitadas do campo harmônico maior	1
2 Movimentos harmônicos	4
3 O *4 way close*	6
4 Substituição	7
5 Construção de Encadeamentos I	8
6 Inversões e falsas inversões	9
7 Notas evitadas do campo da escala menor harmônica	13
8 Tonalidade menor (I)	16
9 Análise de pequenas sequências em tonalidade menor	17
10 Construção de cadências em tonalidade menor	18
11 Dominantes secundárias	20
12 Dominantes secundárias: análise e modos	22
13 Ritmo e harmonia	23
14 Dominantes secundárias na tonalidade menor	25
15 Subdominante secundária	26
16 Subdominante secundária: análise e modos	27
17 *Drops*	28
18 Construção de Encadeamentos II	29
19 O acorde diminuto e suas funções	30
20 O acorde diminuto e seu modo (I)	32
21 Acorde diminuto: análise e modos	33
22 Sequências harmônicas fixas para improvisação (I): blues	34
23 Harmonização de melodia tonal maior	36
24 Notas evitadas da escala menor melódica	38
25 Tonalidade menor (II)	40
26 Aberturas por quartas em contexto tonal	42
27 Construção de Encadeamentos III	44
28 Aplicações dissociadas dos modos das escalas menor melódica e maior	45
29 Modulação às tonalidades vizinhas no círculo das quintas	48
30 Algumas dicas de condução melódica	51

31 Modulação às 2ª, 3ª e 4ª tonalidades no círculo das quintas: tonalidades homônimas — 53
32 Acordes por quintas — 56
33 Construção de Encadeamento IV — 58
34 Sequências harmônicas fixas para improvisação (II): blues menor — 59
35 Harmonização de melodia tonal menor — 61
36 Empréstimo modal — 63
37 Cruzamento dos campos maior e menor — 64
38 Notas evitadas da escala maior harmônica — 65
39 Abertura em *clusters* — 68
40 Acorde diminuto e seu modo (II) — 71
41 O acorde e a cadência napolitana — 73
42 Dominante auxiliar — 76
43 Modulação à 2ª, 3ª e 4ª tonalidades no círculo das quintas a partir das D.A. (dominantes auxiliares) — 79
44 Propriedades especiais da escala maior harmônicaI — 81
45 Cadência napolitana secundária — 83
46 Os acordes de 6ª aumentada e o subV — 85
47 O subV e o subV secundário — 87
48 Tríades na camada superior (TCS) — 89
49 A cadência II subV secundária — 93
50 Estruturas harmônicas fixas para improvisação (III): O *rhythm changes* — 96
51 Harmonização de melodia tonal (II): maior — 98
52 Modulação às 5ª, 6ª e 7ª tonalidades no círculo das quintas: modulação enarmônica — 100
53 Escalas simétricas — 103
54 A posição espalhada — 105
55 A cadência sub II V — 107
56 O conceito da monotonalidade — 110
57 O *Coltrane Changes* — 113
58 Tríades não diatônicas sobre baixos diatônicos — 116
59 Situações cadenciais — 120
60 Harmonia modal — 123
61 Harmonização de melodia modal — 127
Correção dos exercícios — 129
Bibliografia e Obras Consultadas — 132

Apresentação

O presente livro procura sistematizar importantes conceitos de harmonia para fins didáticos e de padronização interna á própria obra, mais por uma necessidade intrínseca de coerência do que qualquer outra coisa. Não se quer colocar aqui que todo caminho percorrido dê conta de uma realidade musical, ou mesmo que a essa realidade obedeça às ordens teóricas colocadas. Trata-se de um caminho, um caminho possível de aprendizado e, sobretudo, de experiência com os sons e conceitos. Ele é fruto de muitos anos de docência sobre o assunto no ensino superior. Exatamente por isso, não é para principiantes. O leitor deve ter alguns conhecimentos prévios sobre intervalos, formação de acordes, conhecimento de cifras e armadura de clave. Além disso, ele não traz nenhum CD com exemplos. Isso requer do aprendiz um esforço maior, terá que ler ao piano/teclado os encadeanentos (ou ouvi-los no computador), tocar os acordes cifrados em instrumentos harmônicos e as escalas em seu próprio meio (cantado, tocado etc.). Sugiro ao estudante, então, que procure tocar todos exemplos do livro a fim de receber seu benefício máximo, bem como fazer os exercícios propostos.

Um dos conceitos que perpassam o livro é a condição do intervalo de 9ª menor como portador da discórdia e, a partir desse, como critério para a classificação das notas evitadas para cada modo das escalas estudadas. Mesmo assim, essa condição não é absoluta, ou seja, há sempre o campo das exceções que terminam por confirmar a regra. E, para além, essa classificação é sempre de cunho didático e não artístico, ou seja, da mesma forma que se encontram 5as paralelas em corais de Bach, encontraremos intervalos de 9ª menor e 2ª menor nas vozes agudas em acordes – não necessariamente dominantes – de arranjadores importantes como Gil Evans, por exemplo.

Procurei, no campo das atividades ligadas ao assunto, olhar o fenômeno harmônico por diversos ângulos: análise harmônica, atribuição de modos para diferentes acordes, construção de cadências a partir de técnicas de arranjo, entendimento das principais estruturas harmônicas utilizadas no jazz e, o contrário, procedimentos para a harmonização de melodias dadas. Para essas três últimas atividades é requerida uma postura mais ativa e criativa do estudante para que componha cadências, crie as próprias variações harmônicas a partir de uma estrutura dada e dos tópicos estudados e crie suas próprias harmonizações em melodias pré-estabelecidas. Todos os exemplos procuram acima de tudo serem musicais, sendo retirados de músicas, atividades propostas por outros autores adaptadas para essa realidade ou ainda da escuta, como os exemplos de harmonização. Durante o livro uma série de exemplos e possibilidades de aplicações dos exercícios são dadas a partir de canções, exemplos de outros autores etc. Por outro lado, tais atividades não deveriam ser dissociadas, quer dizer, dos mesmos modos que a improvisação se utiliza são retiradas as extensões de uma determinada abertura de acordes.

Ou seja, com o estudo de harmonia aqui realizado, temos os fundamentos para os estudos de arranjo e improvisação. Por fim, é somente através da aplicação prática dos conceitos expostos que o estudante se tornará um improvisador, arranjador ou ambos.

Outro dado relevante é o de que as prescrições propostas no livro dizem respeito a um contexto musical, a saber, o de uma harmonia formada a partir tétrades que tem por finalidade teorizar uma prática comum (para usar a expressão de Piston) que vai, no caso do Brasil, da era da Bossa Nova à MPB dos anos de 1970 e início da década de 80. Ou seja, não se tratam de regras absolutas mas válidas dentro desse contexto.

Salta à vista a quantidade de termos aplicados a propriedades harmônicas e escalares. Os nomes dos modos derivados das escalas maior, menor harmônica e melódica são de uso comum, porém, completamente arbitrários. Não se pretende reformular tal arbitrariedade aqui. Se, por um lado, o universo da nomenclatura da música popular seja caótica, a música clássica também não deixa de ter suas idiossincrasias: qual a relação entre o termo plagal, advindo da sistematização do canto eclesiástico, e a cadência plagal em termos de percepção? Por que a utilização do termo "dominante" (também advindo da sistematização do cantochão) para uma relação harmônico-tonal? Isso para não falas das sextas germânicas, napolitanas etc. Resta apenas o consolo de que o importante não é o significado que essas expressões trazem mas, sim, do que podemos atribuir a eles.

O trabalho e a reflexão

Todo livro exige um trabalho de reflexão. Tiné nos deixa entrever o tempo todo o quanto este livro é também devedor da reflexão sobre o trabalho, ou melhor, sobre dois trabalhos. Um deles é a experiência de Tiné como professor de Harmonia e Prática de Conjunto, que faz necessário pensar, organizar e planejar a forma em que se dará a transmissão e discussão do conhecimento, bem como repensar, reorganizar e replanejar esta forma a partir do retorno proporcionado pelo contato com os alunos. O outro é o livro *Harmonia*, de Arnold Schoenberg, que Tiné utiliza como fio condutor e espinha dorsal deste diálogo com os alunos. Curiosamente – e fechando o círculo aprendizagem/ensinamento – o próprio Schoenberg escreve no prefácio à sua primeira edição: "Este livro, eu o aprendi de meus alunos".

A partir daí, Tiné trabalha com a reflexão sobre a harmonia e a improvisação na música popular como se ambas fossem desde sempre intrínsecas. Temos então uma análise racional dos conceitos e uma instrução progressiva sobre como desenvolver a capacidade de utilizar conscientemente tais conceitos, para que possa surgir daí o trabalho com a própria intuição, que é – para usar um termo da moda – desde sempre informada, para que a sensibilidade musical aflore, porém dentro de uma determinada linguagem.

E a linguagem trabalhada aqui é a linguagem tonal. Embora os funerais para o sepultamento da linguagem tonal venham acontecendo na música clássica já desde o começo do século XX, a música popular foi capaz de desenvolvê-la de um outro modo, o que fez Tiné certa vez comentar comigo, em conversas musicais, que o que temos não é um sistema tonal e sim procedimentos tonais, e lendo seu livro é possível entender o que ele quer dizer com isso.

Tiné nos mostra então como funcionam os procedimentos da linguagem tonal desenvolvidos na música popular, principalmente naquela derivada do *jazz*, que se inicia quase que com o fim da tonalidade clássica, se é que ainda podemos dividir assim de maneira tão simplória o que é ou não clássico ou popular.

Pequeno parêntese: durante um tempo de minha vida tentei entender como era a linguagem da improvisação jazzística, suas proibições e permissões. Primeiro foi com o trompete, grande fã de Chet Baker e Dizzy Gilespie que eu era, depois; com a guitarra elétrica, já tomado de amores pelo *jazz fusion* de Miles Davis (sintomaticamente, também um trompetista). Embora tenha estudado bastante, sempre esbarrava em pequenas coisas que não faziam com que o estudo seguisse adiante, talvez devido a um desejo, nutrido desde a infância, de entender o porquê de tudo. E meus porquês eram respondidos sempre com frases ou dotadas de avaliações estéticas: "Porque fica mais bonito", ou pragmáticas: "É assim que funciona". Piores ainda eram as explicações pretensamente objetivas: "Porque ao utilizar um modo mixodórico com a sexta e a segunda abaixada e a quarta elevada você não pode utilizar a nota dó sustenol se não o efeito será o modo lócreólico e não o fríjônio". Ah, entendi...

E não é que agora eu entendi!

Tiné começa já pensando a improvisação não como uma instância horizontal da criação melódica, o que poderia transformar qualquer improvisação em mero tema com variações – embora não seja algo banal fazer um bom tema com variações –, e sim como uma característica que poderíamos chamar de holística. Não há diferença entre o bloco de notas simultâneas que formam determinada sonoridade – o que aprendemos a chamar de harmonia – e o conjunto de notas que ocorrerão sucessivamente – o que comumente nós chamamos de melodia.

Tal forma de abordagem é muito importante para o pensamento musical, seja na música dita mais experimental seja na própria música popular, pois as definições muitas vezes encontradas em livros de teoria – como a divisão didática da música em harmonia, ritmo e melodia, que é passada como se fosse a própria definição de música e não a característica de um tipo de música – podem trazer uma espécie de bloqueio ao pensar holístico, que vale não só para a música como para a vida em geral, haja vista os desastres ambientais que nos esperam...

Tiné começa pensando já em acordes de seis ou sete notas empilhadas por terças, o que deixa claro, desde o início, a escala ou o modo que será utilizado em tal ou qual improvisação. E desde então já nos explica, de maneira que contempla tanto a objetividade quanto a sensibilidade, por que determinadas notas devem ser evitadas e/ou substituídas, conseguindo desde o início nos fazer entender que, assim como na harmonia clássica tradicional, as regras não são meras proibições, e sim o resultado da prática e do costume e, por que não?, da própria tradição da interpretação musical popular.

No caminho pelo qual Tiné nos leva, podemos ver determinados procedimentos da música popular americana, tanto os que se referem à própria improvisação quanto aqueles que se referem aos *voicing* – a forma pela qual nós distribuímos as notas dos acordes nas vozes disponíveis – e aos encadeamentos – como fazemos para que as progressões de acordes por nós escolhidas mantenham a coerência e unidade ao passar de acorde para acorde, o que chamamos em inglês de *voice leading* e em português de condução de vozes.

Neste ponto Tiné nos mostra também o quanto são diferente tais encadeamentos do encadeamento clássico. Enquanto no segundo a intenção é que cada voz mantenha sua independência, mas ao mesmo tempo faça parte de um todo homogêneo, no primeiro temos em geral a melodia determinando os movimentos das outras vozes, fazendo-as caminhar quase sempre em paralelo com ela.

Porém, o problema está no "quase" e aí é necessário ler o livro e entender como este tipo de condução de vozes evoluiu, partindo do *4 way-close*, passando pelos *Drops*, pelas harmonias por quartas e quintas, até chegar aos acordes em *cluster* (acordes por empilhamento de segundas), entendendo o porquê de sua utilização, qual sua justificativa tonal dentro de determinado contexto sonoro.

Vemos também neste percurso as sequências harmônicas fixas mais comuns, como as do Blues, e também como podemos fazer as substituições de acordes, tanto a partir das práticas mais tradicionais da harmonia clássica quanto daquelas específicas do *jazz*, como o *Coltrane Changes*, por exemplo

É curioso notar também que o termo "música instrumental" começa a fazer um outro sentido ao ler o livro de Tiné. A palavra instrumental deixa de nos informar que a música não tem um cantor ou não tem letra, que é executada apenas por instrumentos. Ela nos informa que a música foi pensada e desenvolvida muitas vezes a partir do próprio instrumento, seja na composição ou na improvisação, correndo-se o risco, muitas vezes, de ficar a música condicionada a uma memória muscular ou a um recurso de ordem visual.

O livro de Tiné é suficientemente profundo para não nos deixar cair nesta cilada. Utilizando o livro de Schoenberg como esqueleto analítico em que estrutura sua empreitada pelos domínios da harmonia popular, ele consegue o equilíbrio necessário entre teoria e prática, entre o pensar e o fazer, possibilitando ao músico "fazer-pensando" ou "pensar-fazendo", porém sempre ouvindo sua própria música.

Começando com os preceitos básicos da harmonia popular, que no caso do tipo de música abordado já pressupõe mais do que um conhecimento básico, Tiné nos proporciona um belo caminho pelos procedimentos tonais da improvisação na música popular instrumental, deixando-nos com vontade de improvisar, de experimentar cada passagem do livro, suas sonoridades e os efeitos advindos da improvisação sobre tais sonoridades, ou seja, é um livro que nos deixa com vontade não só de fazer música, mas também de sermos músicos! Mãos à obra!

Uberlândia, 26 de abril de 2009

Celso Cintra
Compositor e Professor de Teoria da Música e
Harmonia na Universidade Federal de Uberlândia – UFU

Notas evitadas do Campo Harmônico Maior

No estudo do jazz e da música popular brasileira de orientação jazzística, principalmente instrumental, alguns conceitos foram se espalhando sem que se soubesse exatamente a sua proveniência. A maioria dos livros sobre modos para improvisação apresenta-os em relação aos acordes correspondentes e, também, quais são as notas "ruins" de tais modos para cada acorde. Entretanto, elas parecem fazer sentido principalmente numa abordagem prática. Tais notas também atrapalham a clareza harmônica quando inseridas nesses mesmos acordes. Começaremos investigando essas relações a partir dos modos e acordes "gerados" pela escala maior.

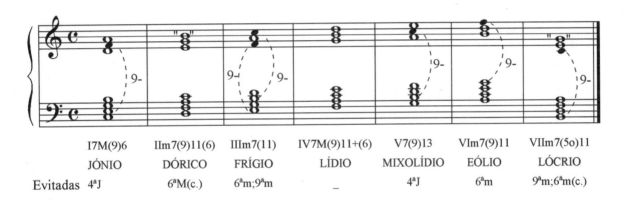

Exemplo 1

Quando empilhamos em terças as notas próprias da escala maior em cada grau obtemos o **Campo Harmônico Maior**, isto é, descobrimos como se constituem os acordes de cada grau da escala.

Por exemplo, o **I grau** do campo harmônico se constitui numa **tríade maior**, pois é composto de fundamental, 3ª maior e 5ª justa. Se continuarmos o empilhamento, descobriremos que a essa tríade maior podem ser acrescentadas as seguintes **extensões: 7ª, 9ª** e **6ª** maiores. Também descobrimos que a 11ª justa, por compor um intervalo de nona menor (altamente dissonante) com a 3ª do acorde, interfere na sua clareza, sendo, por isso, considerada **nota a ser evitada** neste grau da escala. Daí abstrairmos que, em todo I grau de uma escala maior, ou seja, no modo jônio (para efeito de improvisação), a **4ª justa** é considerada **nota evitada**.

O **II grau** da escala (correspondente ao modo dórico) forma uma **tríade menor** que pode ser acrescida das seguintes extensões: **7ª menor, 9ª maior, 11ª justa**. A 13ª ou 6ª é considerada uma **nota evitada condicional**. Isso significa que ela só será evitada em uma condição: quando esse II grau for um II da cadência II V. Isso porque a 6ª do acorde menor antecipa a sensível (3ª) do acorde dominante (V grau), estragando a cadência. Se o II grau não estiver numa cadência II V essa nota não precisa ser evitada. No entanto, persiste a incompatibilidade entre a 7ª e a 6ª, isto é, essas duas extensões não convivem no mesmo acorde.

O **III grau** (modo frígio) forma uma **tríade menor**, podendo ter apenas as extensões da **7ª menor** e da **11ª justa**. A **9ª** é **menor**, formando com a fundamental esse intervalo indesejável, e, por isso, é **nota evitada**; a **6ª** ou **13ª menor** forma o mesmo intervalo com a 5ª justa do acorde, também sendo **nota** a ser **evitada**.

O **IV grau** (modo lídio) é o único que não tem notas evitadas. Forma uma **tríade maior** com **7ª, 9ª e 6ª** maiores e **11ª** aumentada, não possuindo nenhum intervalo de 9ª menor entre as extensões e a tríade do acorde.

O **V grau** (modo mixolídio) é uma **tríade maior** com **7ª menor**, o que forma o **acorde dominante** ou de 7ª de dominante. Além da 7ª, as outras extensões são as **9ª e 6ª maiores**. A **11ª** justa é uma **nota evitada**, pois forma **9ª menor** com a terça da tríade.

O **VI grau** (modo eólio) forma uma **tríade menor**. Extensões: **7ª** menor, **9ª** maior e **11ª** justa; **nota evitada 13ª** ou **6ª** menor (intervalo de 9ª menor com a 5ª justa do acorde).

O último grau a ser investigado é o **VII** (modo lócrio). Ele constitui uma **tétrade meio-diminuta** (fundamental, 3ª menor, 5ª diminuta e 7ª menor). A única extensão disponível é a **11ª** justa; a **9ª**, por ser menor, é uma **nota evitada** e a **13ª** ou **6ª** é uma **nota evitada condicional** de outra natureza: quando esse intervalo se junta com as notas da tétrade, ocorre um fenômeno chamado de **falsa inversão**[1]; deixamos de ouvir um BØ para ouvir um G7(9)/B.

Concluindo, os critérios que definem uma nota evitada são os seguintes: composição de um intervalo de nona menor com alguma nota da tríade; obstrução da cadência II V e falsa inversão (**evitada condicional**). Nestes dois últimos, trata-se de uma proibição mais harmônica do que melódica. Nos casos anteriores, no contexto de uma improvisação, por exemplo, o solista não deve estacionar na nota evitada, mas, sim, usá-la de passagem. Vale lembrar também que mesmo as notas evitadas por composição de 9ª menor com notas da tríade também podem configurar **falsa inversão**. Ex: Em6- = C/E.

---

[1] Preferi o termo extensão no lugar dos mais comuns "dissonâncias" ou "tensões" por sua precisão etimológica no sentido de que, inclusive historicamente, notas que foram tensas e dissonantes se tornaram "ex-tensões" dos acordes. Embora o ponto de partida desse estudos sejam as tétrades enquanto entidades harmônicas estilísticas ligadas à harmonia popular, ainda assim considerei as 7as como extensões..

Descubra o tom

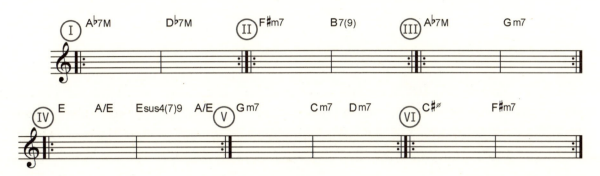

Exercício 2

Neste exercício o aluno deve encontrar a tonalidade por dedução lógica. Por exemplo: se temos os acordes Am7 e D7, sabemos que a tonalidade é SOL maior pois só existe um acorde de tipologia dominante no campo harmônico maior e ele só pode ser o V grau. Como esse V grau tem RÉ como fundamental, a nota RÉ só pode ser V grau de SOL e, portanto, LÁ é o II grau, de tipologia[2] menor com 7ª menor. Além disso, a aplicação dos modos é um reforço para a assimilação das notas evitadas. Acredito que ele é mais bem realizado quando se usa a armadura de clave para cada tonalidade. Escreva os modos realçando as notas evitadas conforme exemplos posteriores (p. 22).

---

[2] Entendo aqui por tipologia as possibilidades de tétrades formadas até este ponto do livro pelo Campo Harmônico Maior, ou seja, quatro tipos: o acorde maior com 7ª maior (X7M), o menor com 7ª menor (Xm7), o dominante (X7) e o meio diminuto (XØ).

2

Movimentos harmônicos

A teoria dos movimentos harmônicos os classifica em forte (**F**) ou fraco (**f**), havendo uma categoria intermediária que poderíamos chamá-la de semi-forte (**sf**)³, a relação entre dois acordes do campo harmônico. Essa teoria provém do *Tratado de Harmonia*, de Arnold Schoenberg, com algumas adaptações. O eixo considerado o mais forte de todos é aquele que faz um movimento de 4ª ascendente entre as fundamentais dos acordes (Ex.: V – I), pois nele a fundamental de um acorde se converte em 5ª (justa ou diminuta) do acorde seguinte. O fundamento de tal teoria encontra-se no fato de que a 5ª justa é a primeira nota da série harmônica diferente da fundamental. O segundo eixo considerado forte é aquele no qual a fundamental de um acorde se converte em 3ª (maior ou menor) do acorde seguinte, portanto, um movimento de 3ª descendente (Ex.: I – VI). O terceiro movimento pode ser considerado semi-forte, pois já não tem a mesma força dos primeiros. É o movimento de 2ª ascendente (I – II) no qual a fundamental se converte em 7ª (maior ou menor) do acorde seguinte. O quarto movimento, ainda considerado semi-forte, é o oposto ao anterior: 2ª descendente (I – VII), no qual a fundamental a fundamental se converte em 9ª (maior ou menor). Já o movimento a ser classificado como fraco é o de 4ª descendente (I – V), no qual a fundamental se converte em 11ª (justa ou aumentada) do acorde seguinte. O último movimento de 3ª ascendente (I – III) é considerado fraco, pois a fundamental de um acorde se converte em uma nota cada vez mais distante na série harmônica (13ª maior ou menor neste caso). Demonstramos abaixo os ciclos harmônicos diatônicos segundo a sua classificação:

> 4ª ascendente   (**F**): I – IV – VII – III – VI – II – V – I
> 3ª descendente (**F**): I – VI – IV – II – VII – V – III – I
> 2ª ascendente   (**sf**): I – II – III – IV – V – VI – VII – I
> 2ª descendente (**sf**): I – VII(9) – VI – V – IV – III(9) – II – I
> 4ª descendente (**f**): I – V(4) – II – VI – III – VII – IV – I(4)
> 3ª ascendente   (**f**): I – III(6) – V – VII(6) – II(6) – IV – VI(6) – I

Podemos observar algumas características importantes nessa classificação: a cadência **II V I**, possivelmente a mais importante da música popular, encontra-se no eixo mais forte; as

---

³ De fato, Schoenberg os chama de movimentos superfortes por diversas razões. No entanto, adaptamos aqui para uma realidade mais prática.

resoluções de engano da dominante se encontram nos movimentos subsequentes (**V III, V VI, V IV**); as cadências plagais (**IV I, II I**) se encontram no movimento semi-forte de 2ª descendente e fraco de 4ª descendente.

Há que se considerar ainda que, conforme se avança em direção aos movimentos mais fracos, aumentam os números de notas evitadas na conversão da fundamental em outro intervalo no acorde seguinte. No movimento de 2ª descendente a fundamental se converte em 9ª, nota evitada nos VII e III graus. No movimento de 3ª ascendente a fundamental se converte em 6ª do acorde seguinte, nota evitada nos III e VI graus e evitada condicional nos II e VII graus (o que pode levar à hipótese de que este seja o movimento mais fraco) e no movimento de 4ª descendente a fundamental se converte em 4ª, nota evitada nos V e I graus.

3

O *4 way close*

Para realizar nossos exercícios precisamos de uma técnica na qual possamos encaminhar as notas que formam os acordes. O *4 way-close* é um tipo específico de posição fechada muito usada no *jazz* e, posteriormente, na música brasileira. Trata-se das quatro notas que formam o acorde (fundamental, 3ª, 5ª e 7ª) distribuídas da maneira mais fechada possível, de modo que o maior intervalo entre a voz mais grave e mais aguda é o de 7ª (maior ou menor). A figura abaixo mostra todas as possibilidades de *4-way-close* nas três funções principais (II V I). Tais funções dão conta das três principais tipologias do campo harmônico maior: o acorde maior com 7ª maior; o menor com 7ª menor e o dominante. Isso significa que as possibilidades de *4 way* de C7M valem para F7M e as possibilidades de Dm7 valem para Em7 e Am7. A única restrição dessa técnica é a do intervalo de 2ª menor na ponta que ocorre no segundo acorde.

Exemplo 3

É importante ressaltar que não se trata de inversões, por isso colocamos a voz mais grave na clave de fá. Se por um lado, o estudante de harmonia tradicional e contraponto tem por parâmetro um acabamento coral no que tange às tessituras e condução de vozes, o nosso modelo é baseado no naipe de saxofones de uma Big Band, o que restringe também o nosso alcance: de um DO grave, duas linhas suplementares abaixo da clave de fá a um LÁ uma linha suplementar acima da clave de sol.

Substituição

Para solucionar o problema do intervalo de 2ª menor na ponta usamos uma técnica chamada **substituição**. Ela consiste na troca de uma nota por outra dentro do *4-way-close*. No caso anterior substituímos a 7ª pela 6ª do acorde, evitando, assim, o intervalo indesejado.

A técnica da substituição também é útil para a introdução da 9ª nos acordes. Como temos o baixo executando a fundamental, podemos tirá-la do *4-way-close* superior colocando a 9ª em seu lugar, quando esta não for nota evitada. **Para o acorde dominante essa substituição é obrigatória** pela seguinte razão: como a tipologia dominante é a mais "consonante" de todas as outras com uma extensão (7ª), devido à sua proximidade com a série harmônica, essa substituição coloca esse acorde (dominante) em pé de igualdade com os demais do campo. O Exemplo 4 apresenta a substituição da fundamental pela 9ª em C7M, cuja tipologia serve tanto ao I quanto ao IV grau e apresenta essa mesma técnica em Dm7(9). Observe que quando se coloca a 3ª menor na voz aguda a substituição não é possível por formar o indesejável intervalo de 2ª menor na ponta. Esta última substituição só vale para o VI e II grau, na medida em que a 9ª do III grau é uma nota evitada. Vale ressaltar também que, quando se fazem essas substituições, tem-se uma tétrade formada a partir da 3ª do acorde.

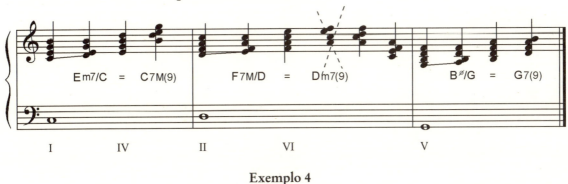

Exemplo 4

O *4-way-close* comporta apenas um intervalo de 2ª (maior ou menor). Quando se faz mais de uma substituição (dupla substituição) há que se atentar para que não se saia dessa categoria para a categoria do *cluster*, com dois ou três intervalos de 2ª, que será estudada posteriormente.

Construção de Encadeamentos I

Com os elementos vistos anteriormente podemos sugerir a prática de exercícios de harmonia dentro de algumas regras e indicações:

1. O exercício deve ser composto de sete a oito acordes;
2. Ele deve começar e terminar com o I grau;
3. Ele deve terminar com as seguintes cadências: **II V I; IV V I e V I;**
4. O exercício deve ter mais movimentos fortes do que fracos;
5. Deve-se evitar alguns paralelismos óbvios entre baixo e bloco (o restante é paralelo, faz parte da natureza do *4 way-close*).

Uma dica para a composição do exercício é a seguinte: comece colocando os graus numa determinada tonalidade (evite DÓ maior); componha uma melodia em semibreves para tal sequência; realize os baixos sempre em movimento contrário (o movimento oblíquo também é bem-vindo); coloque as notas do bloco abaixo da melodia. Veja os exemplos a seguir:

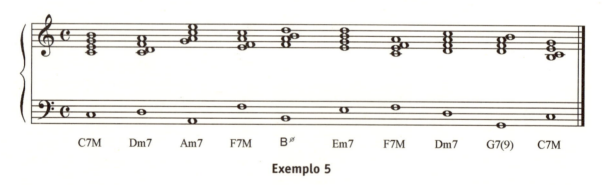

Exemplo 5

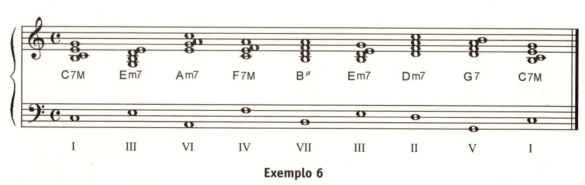

Exemplo 6

O estudante pode realizar exercícios semelhantes em outras tonalidades.

Inversões e falsas inversões

No contexto da música popular, muitas vezes encontramos inversões que, embora corretas do ponto de vista das notas que compõem o acorde, na verdade possuem uma sonoridade correspondente a outro acorde que não a pretendida pela cifragem. Isso se dá, possivelmente, devido a uma certa tendência de o baixo se tornar a fundamental do acorde. Quanto mais extensões o acorde tiver, mais essa tendência se fará presente. Ex.:

Acorde maior com 7ª maior ou 6ª - função I
C7M – C7M/E – C7M/G – C6/B

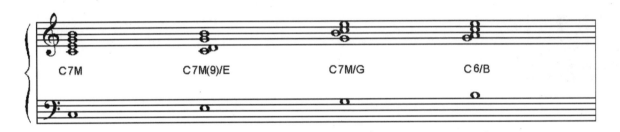

Exemplo 7

Acorde menor com 7ª - função II
Dm7 – Dm7/F(F6) – Dm7/A(F6/A) – Dm7/C(F6/C)

Exemplo 8

Acorde meio diminuto - função II (modo menor)
BØ – BØ/D(Dm6) – BØ/F – BØ/A(Dm6/A)

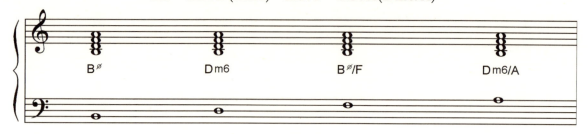

Exemplo 9

Acorde dominante (função V)
G7 – G9/B – G7(13)/D – G13/F

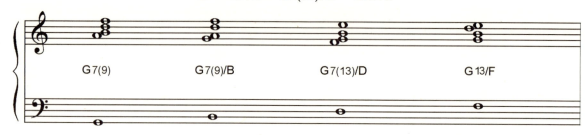

Exemplo 10

Os acordes entre parênteses representam a sonoridade que está realmente acontecendo. É claro que, em certas condições, algumas falsas inversões podem corresponder à realidade sonora. Por exemplo, a sétima no baixo deve sempre ser tratada como nota de passagem, ou seja, o baixo deve ser conduzido em graus conjuntos como na harmonia tradicional. Se fizermos esse tratamento no caso da terceira inversão do acorde menor ou meio diminuto, tal inversão será ouvida como tal. No entanto, do ponto de vista estanque do complexo sonoro, constatamos que o acorde ouvido corresponde àquele colocado entre parênteses. Pode-se constatar que não há falsas inversões em acordes maiores. A opção pela 6ª na terceira inversão do acorde maior e a 13ª no acorde dominante foi para evitar a dobra entre baixo e bloco. O acorde dominante apresenta alguns problemas em suas inversões. Como foi colocado anteriormente, o acorde dominante deve sempre ter uma extensão a mais do que os outros acordes, devido à sua proximidade com a série harmônica. Portanto, quando se realiza a inversão do acorde dominante, a substituição deve trocada. Não mais a troca da fundamental do acorde pela 9ª, pois, se fizermos isso, estaremos retirando a fundamental do acorde, já que no baixo estará soando uma inversão. Isso faz com que a substituição da primeira inversão do acorde dominante deva ser a troca da 3ª pela 9ª [4].

A possibilidade de uma 4ª inversão, seja de uma tríade maior, seja de uma tríade menor, gera aquilo que se costuma indicar como acorde *sus4*, isto é, tal inversão, com a 9ª no baixo, é

---

[4] O que limita o número de posições, pois a posição com a 9ª na ponta gera um *cluster*.

mais bem compreendida como um novo acorde em estado fundamental com a 4ª suspensa (*sus*) no lugar da 3ª. Existem alguns tipos de *sus*.:

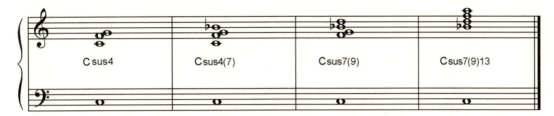

Exemplo 11

O primeiro e o segundo são mais utilizados em música *pop*, ao passo que o terceiro e quarto são mais jazzísticos. O terceiro pode ser cifrado como Gm7/C e o quarto como Bb7M/C, daí a quarta inversão. A partir de uma tríade menor teríamos o *sus7* com 9ª menor.

O acorde *sus* pode exercer as funções de subdominante ou dominante, do ponto de vista tonal. Ele pode ocorrer no II, V e VI grau do campo harmônico, mas é mais utilizado no V grau. No segundo caso ele antecede a dominante, permanecendo o baixo na mesma fundamental ex.: 2. Gsus7(9) G7(9) C7M. Ou, no primeiro caso, resolvendo diretamente na tônica da tonalidade: 1. Gsus7(9) C6.

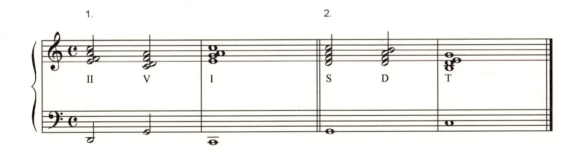

Exemplo 12

No que tange aos modos, o mais comum é se aplicar o mixolídio para o acorde *sus*. Entretanto, nesse caso, ele não têm notas evitadas, pois a quarta justa é parte integrante do acorde.

Toque, faça a análise da cadência abaixo e realize exercícios semelhantes. Observe como as terceiras inversões são tratadas como nota de passagem no baixo e o uso das substituições e do acorde *sus* na cadência.

Inversões e falsas inversões

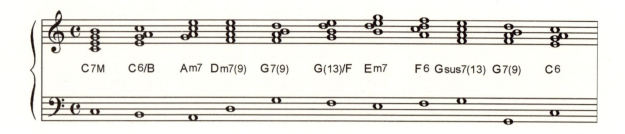

Exemplo 13

Notas evitadas do Campo da Escala Menor Harmônica

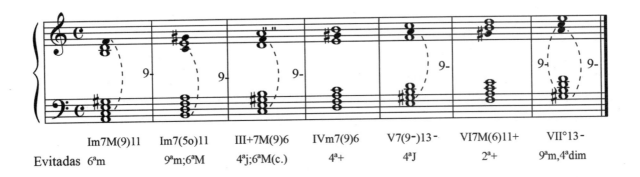

Exemplo 14

Não podemos seguir muito tempo só com o Campo Harmônico Maior. A escala menor harmônica corresponde ao modo eólio com o 7º grau alterado ½ tom acima. Isso ocorre para a geração da sensível através da introdução do acorde dominante no V grau, sem o qual o modo menor não se tonaliza, mas permanece modal. Se fizermos o mesmo empilhamento de terças que fizemos no Campo Maior, obteremos as notas evitadas do Campo Menor Harmônico.

I grau: o modo que corresponde a este grau da escala menor harmônica é chamado de **eólio7M**. Este grau gera um **acorde menor** com as seguintes extensões: **7M, 9ª (maior), 11ª (justa)** e a **nota evitada** neste acorde e modo é a **6ª (menor)**, pois compõe um intervalo de 9ª menor com a 5ª justa do acorde, além de, se colocado 8ª abaixo, gera uma falsa inversão (Am6- = F7M/A).

II grau: a tétrade gerada pelo empilhamento de terças neste grau é a de um acorde **meio diminuto**. A única extensão disponível é a **11ª justa**. As extensões **9ª menor** e **6ª maior** são consideradas **notas evitadas** neste modo chamado **Lócrio 6**. A razão é que o intervalo de 9ª menor é o próprio critério para se considerar uma nota evitada. Em relação à 6ª maior, há nela uma antecipação da nota (SOL# no caso) que transformaria o acorde meio diminuto (função de subdominante) num acorde diminuto (função de dominante), obstruindo a clareza tonal do acorde.

III grau: este grau é a nascente da **tríade aumentada**. No caso do campo menor harmônico há as seguintes extensões: **7ª M (maior), 9ª (maior)**. Embora a **6ª M (maior)** componha um intervalo de 9ª menor com a 5ª aumentada do acorde, ela é considerada **nota evitada condicional**, devido à possibilidade de a 6ª substituir a 5ª, isto é, não se pode ter as duas notas ao mesmo tempo. Já a **11ª justa** é considerada **nota evitada** por formar um intervalo de 9ª menor com a 3ª do acorde. O modo correspondente a este grau é o **Jônio aumentado.**

IV grau: forma uma **tétrade menor com 7ª menor**, com a possibilidade de **9ª** e **6ª** maiores como extensões. É importante lembrar que, na maioria dos casos, existe uma incompatibilidade entre a **6ª** e a **7ª** neste grau do campo harmônico, ou seja, essas duas extensões não convivem no mesmo acorde. O modo é chamado de **Dórico 11+**, sendo essa extensão (décima primeira aumentada) a **nota evitada** do mesmo modo, pois gera, na sua presença, uma ambiguidade no acorde que pode soar como um acorde meio-diminuto, no papel de 5ª diminuta que essa dissonância (11+) pode assumir.

V grau: pode-se dizer que a principal razão da existência da escala menor harmônica seja esse grau. Ao se elevar a 7ª menor do modo eólio em 7ª maior, o acorde do V grau deste campo harmônico se tonaliza, já que a tipologia dessa acorde passa do menor com 7ª menor para a do **acorde Dominante**, característico do V grau da escala maior. Aqui surge o único intervalo de 9ª menor que não se torna nota evitada, assim como a **13ª** menor no mesmo modo. Também importante é a relação de 2ª menor entre a 5ª justa e a 13ª menor neste modo, pois a convivência dessas duas notas é complicada, gerando ambiguidades e intervalos de 9ª menor. Entretanto, do ponto de vista jazzístico, é uma extensão muito importante para ser descartada. No meio musical circulam três nomes para este mesmo modo: **Frígio Maior** ou **Mixo 9-/13-**, cuja **nota evitada** é a **4ª justa**, ou ainda **Frígio Dominante**.

VI grau: o nome do modo deste grau é **Lídio 9+**, esta última (9ª aumentada) sendo a nota evitada por poder soar como terça menor num acorde maior. A tétrade formada é a de um **acorde maior com 7ª maior**, sendo possíveis às extensões de 11ª + (aumentada) e 6ª (maior).

VII grau: a **tétrade diminuta** é gerada neste grau do campo menor harmônico. As extensões de **9ª** menor e a **4ª diminuta** são consideradas **notas evitadas** por comporem um intervalo de 9ª menor com as notas da tétrade do acorde, sobrando apenas a **13ª** menor como extensão possível. O modo é chamado de **Lócrio Diminuto.**

Descubra o tom nº 2

As seguintes sequências (*vamps*)[5] se encontram numa determinada tonalidade menor, sempre no campo menor harmônico. Analise em graus e escreva os modos determinando as notas evitadas (notas negras).

---

[5] "Uma passagem curta, simples em rítmo e harmonia, tocada na preparação para a entrada de um solista; normalmente é repetida *ad libitum* até que o solista esteja pronto, daí a rubrica 'vamp till ready'. O termo é aplicado à técnica de tocar *ostinatos* antes ou entre solos, e, por extensão, se prolonga após os solos. [...] No jazz-rock, jazz latino e outras fusões de jazz e música popular, e especialmente no jazz modal, um peça inteira pode estar baseada em uma sucessão de vamps abertos ao solista." (*The New Groove Dictionary of Jazz*, 1996, p. 1238)

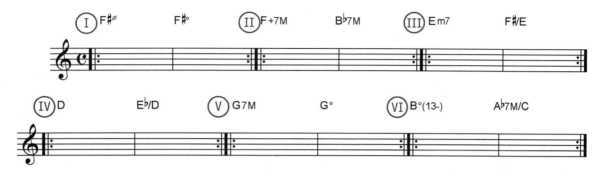

Exercício 15

Para a resolução desses exercícios há um detalhe importante a ser considerado. Devido à homogeneidade da afinação do temperamento igual, a tétrade diminuta é chamada de simétrica. Isto é, em progressão de terças menores um acorde diminuto é formado pelas mesmas notas que um acorde diminuto terça menor acima ou abaixo (Ex.: F#o= FÁ#, LÁ, DÓ e MIb é enarmônico de Ao = LÁ, DÓ MIb e SOLb). Como as cifras possuem uma tendência simplificadora, é complicada a existência de inversões do acorde diminuto, pois tais inversões corresponderiam às mesmas posições do acorde diminuto simétrico em estado fundamental. Por isso, alguns dos acordes diminutos propostos nesses exercícios devem se considerados inversões de um diminuto fundamental que se encontra, em última análise, no VII grau de uma escala menor harmônica. Entretanto, deve-se escrever os modos sempre a partir da fundamental dos acordes, mesmo que invertidos ou diminutos.

Tonalidade menor (I)

A tonalidade menor se caracteriza pela fusão dos campos menor harmônico e menor natural. Este último é precisamente o campo harmônico maior iniciado no VI grau, correspondente ao modo eólio. As notas evitadas são exatamente as mesmas do Campo Harmônico Maior. Isto quer dizer que raramente uma música em tonalidade menor apresentará os acordes de um só campo harmônico. Se ela só utilizar os acordes do campo natural, será forçosamente modal ou estará em outra tonalidade. A tonalidade menor é híbrida por natureza. O diagrama abaixo apresenta tal fusão em LÁ menor:

Mn: Am7		C7M		Em7		G7(9)	
	BØ		Dm7		F7M		
Mh: Am7M		C+7M		E7(9-)			G#o
I	II	III	IV	V	VI	VII	Vo9

Gráfico 1

Os acordes colocados na fileira **Mn** pertencem ao campo harmônico menor natural, os acordes colocados na fileira **Mh** pertencem ao campo menor harmônico e os acordes colocados na fileira intermediária são, pelo menos em suas respectivas tétrades, comuns a ambos os campos. Mais abaixo se situam os respectivos graus da tonalidade menor. O VII grau do campo menor harmônico, tétrade diminuta, é correntemente entendido como um acorde de 7ª dominante sem fundamental e com 9ª menor. Ou seja, ele exerce a mesma função do V grau (função de dominante), daí a indicação Vo9, derivada de Walter Piston[6]. Por exemplo: as notas MI, SOL#, SI, RÉ e FÁ formam o acorde de E7(9-); retirando-se a fundamental (MI) se obtém G#o.

---

[6] Piston, Walter. *Harmony*. New York: W.W.Norton & Company, 5. ed., 1987.

Análise de pequenas sequências em tonalidade menor

Analise em graus determinando a proveniência de cada acorde – **Mh** para acordes exclusivos do campo menor harmônico e **Mn** para acordes exclusivos do campo menor natural e apenas os graus para acordes comuns a ambos os campos – e escreva os modos correspondentes aos acordes – incluindo as notas evitadas – para as seguintes sequências:

1.

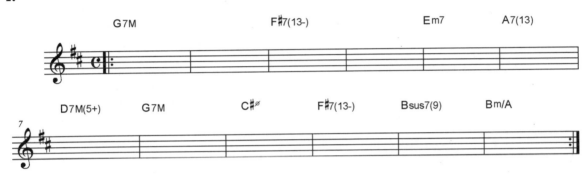

Exercício 16

2.

Exercício 17

Para se realizar este último exercício, deve-se levar em conta as considerações sobre o acorde *sus* e as falsas inversões, adaptando-as para a tonalidade menor.

Construção de cadências em tonalidade menor

A construção de cadências em tonalidade menor segue os mesmos parâmetros da tonalidade maior: de 8 a 10 acordes, iniciados e finalizados com o I grau, sendo o último precedido pelo V (acorde dominante, nunca menor), II V(idem) ou Vsus7(9-) V I. Para fins de estabilidade do acorde é interessante que o exercício termine com o acorde menor com as extensões **7M** (sétima maior) ou **6** (sexta maior), e nunca com a **7** (sétima menor), pois esta não apresenta características de finalização. Também se deve levar em conta que, ao utilizar o acorde diminuto (tétrade), não se deve dobrar a nota fora da escala natural, ou seja, a fundamental do acorde. Portanto, deve-se utilizar suas inversões ou, em posição fundamental, utilizar a única extensão disponível no VII grau da escala menor harmônica: a **13-** (décima terceira menor).

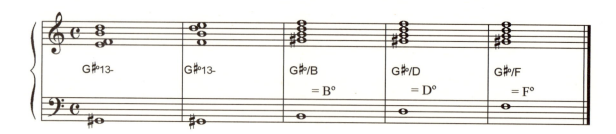

Exemplo 18

Como se pode notar, do ponto de vista prático, é melhor cifrar a inversão de um acorde diminuto como a posição fundamental, já que a tétrade é simétrica.

Abaixo seguem cadências- modelo para o estudante de harmonia realizar semelhantes em várias tonalidades, além de cifrar os dois primeiros exemplos. Observe que a aplicação da substituição no bloco da tônica pela 9ª se deu em outros graus além do da dominante (V).

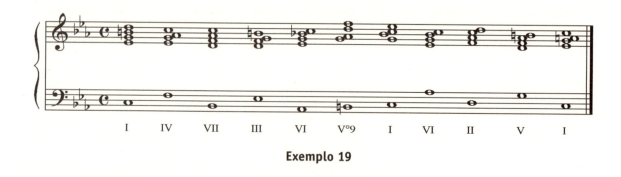

Exemplo 19

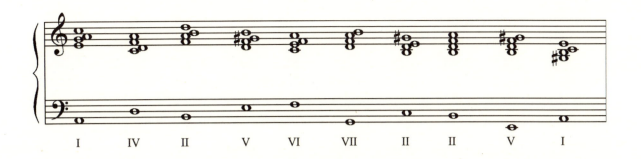

Exemplo 20

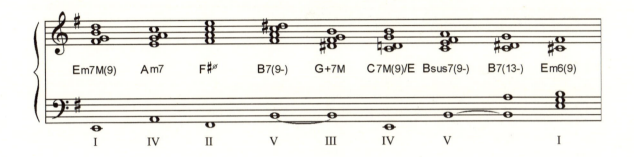

Exemplo 21

Construção de cadências em tonalidade menor

Dominantes secundárias

Cada acorde do Campo Harmônico Maior pode ser antecedido ou sucedido por uma dominante individual:

V:	G7(9)13	A7(9-)13-	B7(9-)13-	C7(9)13	D7(9)13	E7(9-)13-	X
	|	|	|	|	|	|	
	C7M	Dm7	Em7	F7M	G7	Am7	BØ
	I	II	III	IV	V	VI	VII

Gráfico 2

Como se pôde observar, às dominantes de acorde menor no campo (II, III e VI) podem ser adicionadas as seguintes extensões **9-** (nona menor) e **13-** (décima terceira menor) e às dominantes de acorde maior podem ser adicionadas as seguintes extensões **9** (nona maior) e **13** (décima terceira maior). O VII grau não recebe, a princípio, dominante individual por não possuir, nesse momento, estabilidade, devido à ausência de 5ª justa.

Concluímos com isso que o modo que "gera" a dominante de acorde menor no campo harmônico é o *mixo9-(13-)*[7], ou seja, o modo do V grau da escala menor harmônica, e o modo que "gera" a dominante de acorde maior no campo harmônico é o *mixolídio*, ou seja, o modo do V grau da escala maior. Isso significa que as dominantes secundárias são geradas pelos campos harmônicos das tonalidades vizinhas e relativas (da tonalidade principal ou vizinha) no Círculo das Quintas. Por exemplo: o acorde A7(9-)13-, **V/II** (V do II), é gerado pelo modo de LÁ *mixo9-(13-)*, quer dizer escala de Ré menor harmônica começada pelo V grau. Esta tonalidade (Ré menor) é relativa de FÁ maior, vizinha de DÓ no Círculo das Quintas. Se conferirmos cada dominante e sua proveniência, verificaremos a verdade da colocação anterior. Tal fato corrobora com a ausência de dominante para o VII grau: essa dominante (no caso F#7) seria gerada pelo V grau de SI menor, tonalidade que não é vizinha nem relativa de tonalidades vizinhas no Círculo das Quintas de DÓ maior.

---

7 Frígio Maior ou Frígio Dominante.

Observe o desenho das Dominantes Secundárias (D.S.) no Círculo das Quintas. Ele apresenta as tonalidades relativas e vizinhas e suas dominantes geradas pelos respectivos campos harmônicos:

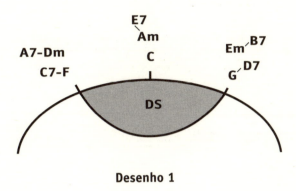

Desenho 1

O estudante pode realizar a análise da canção "All of Me" e escrever os modos correspondentes para cada grau, colocando em negrito as notas evitadas. Indicaremos as dominantes secundárias em parênteses e, logo ao lado, o grau para o qual se dirige a referida dominante. Ex.: V(V) para V do V, dominante da dominante. Faça essa análise tal qual o exemplo abaixo. O acorde Gm6 foi propositalmente deixado de lado por não estar encaixado ainda nos nossos parâmetros (ver o capítulo sobre o Empréstimo Modal).

Dominantes secundárias: análise e modos

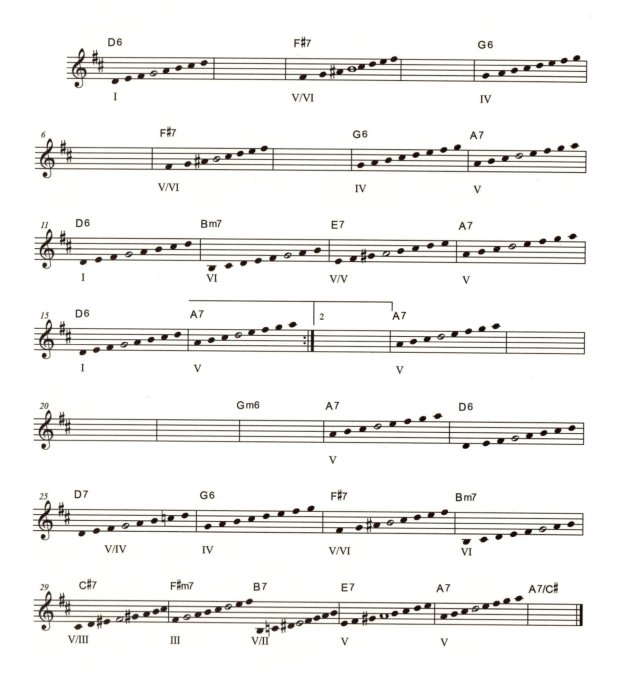

Exemplo 22

Ritmo e harmonia

Para a construção de cadências com o uso das D.S. (dominantes secundárias), faz-se necessária a introdução da fórmula de compasso no exercício de harmonia. A dominante se coloca, preferencialmente, no tempo fraco do compasso. Ou seja, construiremos nossos exercícios em compasso binário tentando, na medida do possível, sempre introduzir as dominantes no segundo tempo. Observe que, se fizéssemos uma redução harmônica de uma canção popular como "Feitiço da Vila", de Noel Rosa, nos moldes de um exercício de harmonia, constataríamos que tal tendência se dá naturalmente:

	I	V/VI	IV	V/VI	IV	V	I	VI	V/V	V	I	V	
//:	D6	F#7 /	G6	F#7	/ G6	A7 /	D6	Bm7	/ E7	A7 /	D6	A7	://
		2		2		2		1	2			2	

Gráfico 3

Colocamos dois exercícios-modelo para que os estudantes cifrem o primeiro e se guiem para a realização de seus próprios exercícios:

I V/IV IV V/II II V/III III V/VI VI V/V V I

Exemplo 23

Uma dica para se construir uma cadência com DS (dominantes secundárias) é partir de um exercício feito apenas com acordes do campo harmônico e antecedê-los por suas respectivas dominantes individuais. Analise o exemplo a seguir:

Exemplo 24

Dominantes secundárias na tonalidade menor

Apesar de parecer um tanto óbvia, a exposição das Dominantes Secundárias na tonalidade menor pode resolver algumas confusões. A principal delas se dá no entendimento de quais extensões e, portanto, quais modos podem ser utilizados no acorde de função V/V (dominante da dominante) da tonalidade menor. Por ser a tonalidade menor mista, pelo menos até aqui mistura dos campos menor natural e menor harmônico, pode-se pensar que o V grau – um acorde maior com 7ª menor no campo harmônico, por exemplo – pode ser precedido por uma dominante individual que carregaria consigo as características de um acorde dominante com 9ª maior e 13ª maior, gerada pelo modo *mixolídio*. Devemos ter em mente que, para tal acorde (o do V grau), deve-se ter como referência o campo menor natural, onde ele é menor com 7ª menor, devendo ser precedido por uma dominante individual com 9ª e 13ª menores, geradas pelo modo *mixo9-/13-* ou frígio dominante. Isso acontece porque a relação de vizinhança no Círculo das Quintas, característica das dominantes secundárias, só se dá no segundo caso.

V:	E7(9-)13-	X	G7(9)13	A7(9-)13-	B7(9-)13-	C7(9)13	D7(9)13	X
Mn:	Am7		C7M		Em7		G7	
		BØ		Dm7		F7M		
Mh:	Am7M		C+7M		E7			G#o
	I	II	III	IV	V	VI	VII	Vo9

Gráfico 4

O mesmo desenho do campo de força das Dominantes Secundárias na tonalidade maior pode ser adaptado à tonalidade menor. O aluno pode realizar cadências no modo menor utilizando dominantes secundárias seguindo o ritmo harmônico, analisar e colocar os modos na música "Água de Beber", de Tom Jobim e Vinícius de Moraes.

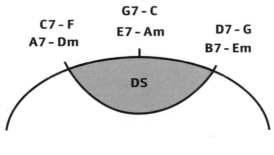

Desenho 2

15

Subdominante secundária

O estudo das Subdominantes Secundárias abrange aqueles acordes que preparam as respectivas dominantes. A principal preparação se dá através do II grau correspondente a cada dominante, formando uma cadência **II V** para cada grau, isso porque o movimento de 4ª ascendente é o mais forte, como já vimos. Obviamente, o II grau não é o único acorde com função de Subdominante que pode preparar a dominante. Pode ocorrer uma cadência **IV – V** para cada grau ou ainda um cadência **VI – V** que deve acontecer, preferencialmente, como cadências para os acordes menores nos campos (II, III e VI na tonalidade maior e I, IV e V na tonalidade menor). Cada D.S. pode ser precedida ou sucedida por uma subdominante correspondente e, após a cadência, pode haver a resolução em direção ao grau – que faria um movimento forte de 4ª ascendente – uma resolução na Mediante (III grau) do acorde prometido – que faria um movimento forte de 3ª descendente – e, por último, uma resolução na Submediante (VI grau) do acorde prometido – movimento forte de 2ª ascendente.

II	Dm7	EØ	F#Ø	Gm7	Am7	BØ	
	|	|	|	|	|	|	
V	G7	A7	B7	C7	D7	E7	
	|	|	|	|	|	|	
	C7M	Dm7	Em7	F7M	G7	Am7	BØ
	I	II	III	IV	V	VI	VII

Gráfico 5

O estudante pode analisar e colocar os modos de músicas como "Me Deixa em Paz" (Ivan Lins & Ronaldo de Souza), conforme o exemplo abaixo. Quando os acordes se repetirem não é necessário colocar a escala novamente, apenas a análise.

Subdominante secundária: análise e modos

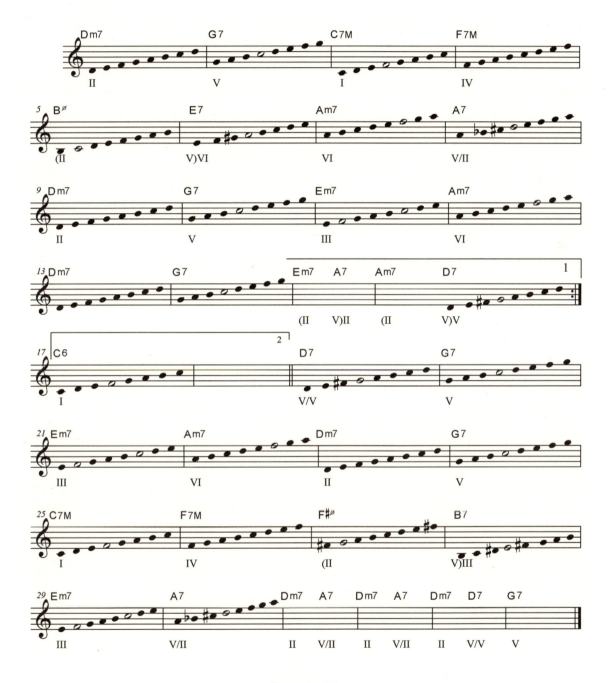

Exemplo 25

17

Drops

Para sairmos da posição fechada específica do *4 way-close*, devemos ir em direção às diversas possibilidades de posições abertas. A primeira delas parte do próprio *4 way*. Enumera-se do agudo para o grave uma posição da abertura mencionada e algumas notas podem cair uma 8ª abaixo. Existem as seguintes possibilidades: *Drop* 2 (quando a 2ª nota cai 8ª abaixo); *Drop* 3 (o mesmo procedimento em relação à 3ª nota); *Drop* 2-3 (a 2ª e a 3ª notas caem); *Drop* 2-4 (mesmo procedimento em relação às notas 2 e 4). Além da proibição do intervalo de 2ª menor nas vozes agudas, há o problema do intervalo de 9ª menor que pode ser gerado quando o processo dos "Drops" ocorre. A solução é a mesma do intervalo de 2ª menor na ponta: a substituição. Observe os exemplos abaixo.

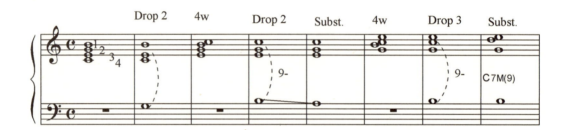

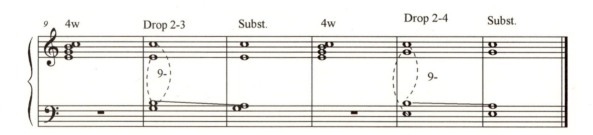

Exemplo 26

Construção de Encadeamentos II

Agora o estudante pode construir uma cadência com as seguintes características: dominantes e subdominantes secundárias (cadência **II V**) em tonalidade maior ou menor; mistura das posições fechadas e abertas a fim de se obter melhores linhas internas e uma condução menos paralela. É bom lembrar que apenas o paralelismo direto de todas as vozes deve ser evitado, pois o movimento contrário é sempre enriquecedor. Como no caso do *4-way*, o baixo não integra o bloco.[8] Indique as aberturas do exemplo 28 conforme o exemplo abaixo.

Exemplo 27

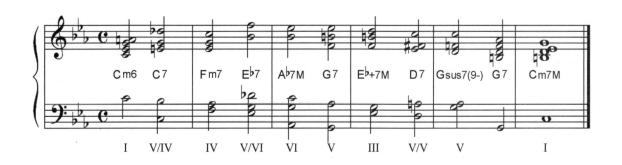

Exemplo 28

---

[8] A indicação D2, D3, D24 no exemplo aponta os *Drops* usados no exercício.

O acorde diminuto e suas funções

Ian Guest apresenta em seu livro "Arranjo" três funções para o acorde diminuto: as funções dominante, auxiliar e a cromática. Para alguns deles eu dei um segundo nome a fim de se especificar melhor sua função. Assim como o acorde dominante é aplicado como preparação dos demais graus do campo harmônico, o acorde diminuto pode fazer o mesmo. Neste caso, o de função dominante, o acorde diminuto sempre acontece ½ tom abaixo do acorde "alvo" que pode ser antecedido por seu diminuto individual ou ele pode acontecer após o alvo. Nesses dois casos o diminuto sempre ocorre nos tempos ou compassos fracos do ritmo harmônico:

Função de dominante (secundária)

	I	Vo9/II		II	V		III	Vo9/III		II	V	
//:	C7M	C#o	/	Dm7	G7	://	Em7	D#o	/	Dm7	G7	://

Gráfico 6

A grafia padronizada neste curso, como foi colocado, é a de Walter Piston; entretanto aqui, na função do acorde diminuto como dominante secundário, preferimos colocar a barra indicando a direção do grau. A função auxiliar normalmente ocorre nos tempos ou compassos fortes do ritmo harmônico, daí podendo-se especificar como um retardo harmônico, ou seja, aquela característica que a 4ª espécie do contraponto apresenta, incidindo também naquilo que se chamava de terminação feminina, pois a resolução se dava no pulso fraco do compasso.

Função de Retardo (auxiliar) ocorre no 1º tempo ou compasso forte

	II	V	Io	I		I	Vo9	(II V)VI		VIo	VI	
//:	Dm7	G7	/ Co	C7M	://:	Am6	G#o	/ Gm7	C7	/ Fo	F7M	://

Gráfico 7

Por último, a função cromática, tal como a função dominante, também ocorre nos pulsos ou compassos fracos. A diferença é que ele nem precede e nem sucede seu "alvo", como no caso da função dominante. Ele normalmente atua como um prolongamento de uma função já colocada, daí a alteração do grau indicada pelos sinais + ou - .

Função Cromática (passagem)

	I	II+		II	V		I	VI+		(II	V)V		II	V	
//:	C7M	D#o	/	Dm7	G7	//:	C7M	A#o	/	Am7	D7	/	Dm7	G7	://

Gráfico 8

As três possibilidades aqui apontadas não esgotam o uso do acorde diminuto. Por vezes o diminuto auxiliar pode ocorrer no pulso ou compasso fraco, um diminuto com função de dominante pode não se resolver no acorde prometido e assim por diante.

O acorde diminuto e seu modo (I)

Como se pôde notar, os acordes diminutos que ocorrem entre os graus do campo harmônico podem exercer as funções dominante ou cromática. Já aqueles que ocorrem no grau, normalmente, exercerão função auxiliar ou de retardo. É importante lembrar que, como o acorde diminuto é simétrico, muitas vezes pode ocorrer o diminuto no grau com função cromática ou dominante e o contrário, acorde diminuto entre dois graus exercendo a função de retardo, mas, nesses casos, eles são inversões do acorde diminuto que, pela simplificação da cifra, tornaram-se diminutos em posição fundamental.

Dentro do nosso atual leque de possibilidades de modos derivados apenas de duas escalas (maior e menor harmônica), temos o acorde diminuto apenas no VII grau da escala menor harmônica e, com tais limitações, podemos resolver todos os problemas de modos para o acorde diminuto no contexto das dominantes secundárias.

Isto é, se concebemos o diminuto como VII grau de um acorde menor, e só temos três acordes nos campos harmônicos das tonalidades maior e menor (II, III e VI; I IV e V, respectivamente), há somente três escalas menor harmônica para resolver todos os problemas com acorde diminuto, na medida em que ele é simétrico. O gráfico abaixo ilustra tais possibilidades com a indicação da escala abaixo do diminuto. A 1ª letra indica a tonalidade e as letras *m* e *h* significam menor harmônica.

Bo	C7M	C#o	Dm7	D#o	Em7	Eo	F7M	F#o	G7	G#o	Am7
(*amh*)	I	(*dmh*)	II	(*emh*)	III	(*dmh*)	IV	(*emh*)	V	(*amh*)	VI
Co		Do		Eo		Fo		Go		Ao	
(*emh*)		(*amh*)		(*dmh*)		(*amh*)		(*dmh*)		(*emh*)	

Gráfico 9

Observamos que existem três acordes diminutos que são matrizes dos demais. Isto se dá assim porque, no contexto das dominantes secundárias, limitamo-nos a extrair todos os modos das escalas vizinhas e relativas no Círculo das Quintas. Observe o exemplo abaixo para as tonalidades de DÓ maior ou LÁ menor:

C#o = Eo = Go = Bbo - *dmh*
D#o = F#o = Ao = Co - *emh*
G#o = Bo = Do = Fo - *amh*

O estudante pode analisar e escrever os modos para temas como "Este Seu Olhar" (T. Jobim) segundo o próximo exemplo. Nesses exercícios a escrita da escala do acorde diminuto deve sempre ser feita a partir da fundamental da matriz dos acordes, pois é só a partir dessas fundamentais que as relações com das notas evitadas e com as tonalidades vizinhas e relativas no círculo das quintas estarão corretas.

Acorde diminuto: análise e modos

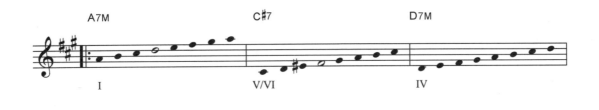

Exemplo 29

Sequências harmônicas fixas para improvisação I: blues

A estrutura básica do Blues, tal qual conhecemos hoje, é fruto de um amadurecimento histórico ligado à música afro-americana. É somente a partir do início do séc. XX que ele se dá enquanto estrutura formal. Seu esqueleto básico é formado pelos acordes básicos da tonalidade (I, IV e V), normalmente associados às funções de tônica, subdominante e dominante. Entretanto, ao contrário do que indica o campo harmônico, os graus I e IV tem 7ª menor, o que é característico do gênero. A partir dessa estrutura básica de 12 compassos uma série de variações foram realizadas preparando os acordes através de dominantes e diminutos secundários, cadências **II V** individuais etc. Observe que, nos exemplos do gráfico abaixo, não se trata de análise, mas de um esqueleto que é pensado em DÓ para, daí, ser transposto para diversas tonalidades.

//:	I7	/	%	/	IV7	/	%	/	I7	/	V7	/	IV7	/	I7	/	V7	://
//:	I7	/	IV7	/	I7	/	Vm7 I7	/	IV7	/	+IVo	/	I7	/	IIIm7 VI7	/	IIm7	/	V7	/	I6 VI7	/	IIm7 V7	://
//:	I7 IIIo	/	IV7 +IVo	/	I7	/	Vm7 I7	/	IV7	/	+IIo	/	III7	/	IIIØ VI7	/	II7	/	IIm7 V7	/	IIIm7 VI7	/	IIm7 V7	://

Gráfico 10

Exercício

O aluno deve colocar e analisar, nos lugares onde o grau não corresponde à função do acorde. Tome como referência o exemplo abaixo, que coloca a 2ª estrutura em RÉ maior e coloque a 3ª estrutura em SI bemol maior:

```
                    (II   V)IV      Vo9/V
//: D7  /  G7  /  D7  / Am7 D7 / G7 / G#o /
         V/II              V/II
/ D7 / F#m7 B7 / Em7 / A7 / D6 B7 / Em7 A7 ://
```

Gráfico 11

O estudante pode construir novas fórmulas a partir destas bem como compor melodias ou solos escritos para a estrutura criada.

Harmonização de melodia tonal maior

A partir das propriedades harmônicas estudadas podemos realizar o processo inverso do empreendido no caso do Blues. Se lá partimos de uma estrutura harmônica fixa para criarmos uma variação e em seguida criar uma melodia para uma dessas estruturas, aqui retiramos a melodia do livro "Música de Feitiçaria no Brasil", de Mário de Andrade. A partir dos pilares harmônicos retirados da melodia, realizamos alguns processos de re-harmonização que seguem alguns passos rítmicos:

1. Um acorde por compasso;
2. Dois acordes por compassos;
3. O uso da síncope;
4. Quatro acordes por compasso.

Note que cada passo pode ter propriedades harmônicas próprias como as dominantes e diminutos secundários para o segundo passo, o diminuto com função de retardo no terceiro e o uso das cadências secundárias, do tipo **II V** no quarto passo.[9]

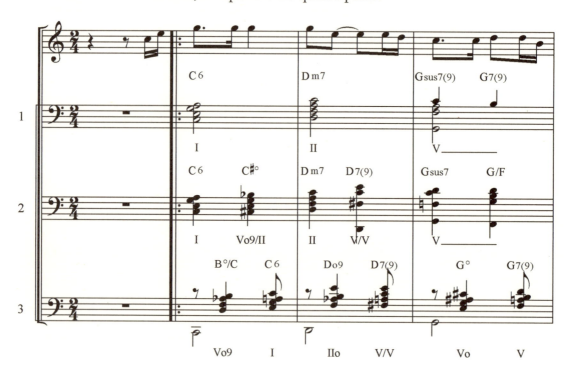

---

[9] Os pentagramas do ex. 30 não devem ser tocados simultaneamente. A linha do nº 3 apresenta o terceiro passo e o quarto após a barra de repetição.

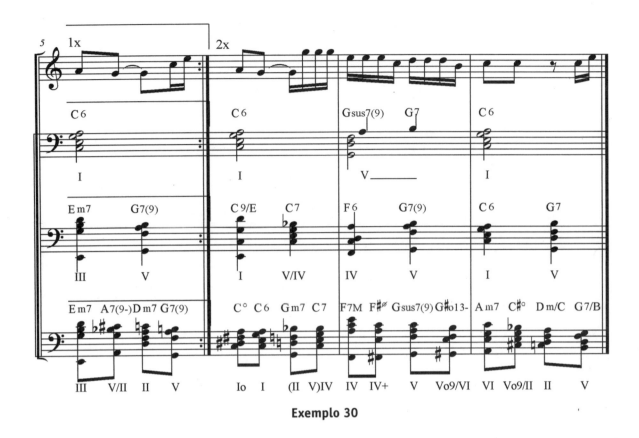

Exemplo 30

O estudante deve tocar e ouvir lentamente cada passo da harmonização realizada. Além disso, deve construir harmonizações semelhantes para outras melodias folclóricas.

Em um trabalho de re-harmonização não é necessário realizar todos os passos aqui propostos, mas misturá-los, a menos que se queira fazer um estudo de re-harmonização.

Notas evitadas da escala menor melódica

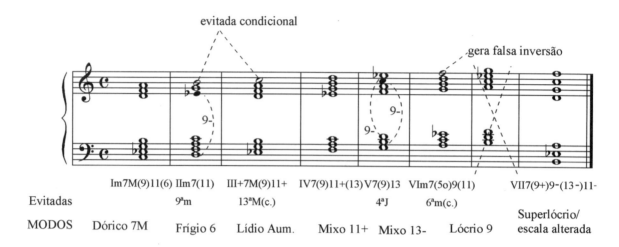

Exemplo 31

A representação acima apresenta o campo harmônico com as notas evitadas da escala menor melódica. Como se sabe, na prática os jazzistas chamam de escala menor melódica o que tradicionalmente era chamada de escala bachiana, já que esta não apresenta diferenciações na subida e descida escalar. Através do mesmo empilhamento de terças realizado nos campos anteriores, pode-se verificar as ocorrências dos intervalos de 9ª menor, fato que implica **nota evitada**, como no caso da **9ª** do **II grau**.

O **I grau**, cujo modo se denomina **dórico7M** e não apresenta notas evitadas.

As **13as** do **II** e **III graus**, **Frígio 6** e **Lídio Aumentado**, são consideradas notas evitadas condicionais por motivos diferentes: no primeiro caso a 6ª estraga a cadência II V, tal como no II grau da escala maior; no segundo caso é proibida a coexistência da 6ª e da 5ª aumentada ao mesmo tempo. Entretanto, a 6ª pode ser utilizada através da técnica da substituição: 6ª no lugar da 5ª.

O modo do **IV grau** se denomina **Mixo 11+** (ou Lídio b7 em alguns lugares) e **não apresenta nota evitada**.

O **V grau** chamado de **Mixo 13-**, apesar de compor dois intervalos de 9ª menor, **só tem na 4ª justa uma proibição**. Isso porque a 13ª menor, apesar de compor aquele intervalo com a 5ª justa, é uma extensão muito importante para ser descartada em um acorde de função dominante. Mas é importante ressaltar que ela deve ser introduzida via substituição, ou seja, 13ª no lugar da 5ª.

O **VI grau** denominado **Lócrio 9** só apresenta **nota evitada condicional** porque, ao inserir a **6ª** neste acorde, ele passa a soar como uma inversão [F7(9)/A], ou seja, ele entra na categoria da falsa inversão. Isto significa que a nota pode ser utilizada melodicamente mas não harmonicamente.

Por último, o **VII grau** denominado **Superlócrio** ou **escala Alterada**. Quando se empilham as notas deste grau por terças uma série de intervalos de 9ª menor prejudicam tal acorde e sua constituição de meio diminuto é completamente descartada na prática. Já quando se empilham por quartas e se enarmonizam algumas notas um novo acorde se revela: uma dominante (4ª diminuta se converte em 3ª maior) com 9ª menor e aumentada (3ª menor enarmonizada), 13ª menor e 11ª aumentada (5ª diminuta) e esse modo passa a não ter mais notas evitadas.

Descubra o tom III

Como nos casos anteriores o estudante deve inferir a tonalidade a partir dos elementos aprendidos no campo harmônico da escala menor melódica, realizar a análise com graus e escrever os modos correspondentes com a armadura de clave para cada *vamp* e indicar a nota evitada de cada modo.[10]

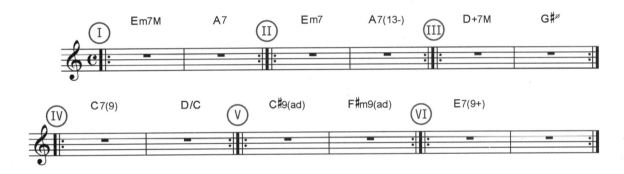

Exercício 32

---

[10] A indicação *ad.9* após a cifra indica a inclusão da 9ª no acorde sem 7ª, já que alguns *songbooks* se utilizam dessa maneira de cifrar.

Notas evitadas da escala menor melódica | 39

Tonalidade menor (II)

Com a aquisição do Campo Menor Melódico nossa tonalidade menor se expande na mistura de três campos harmônicos: o da escala menor natural (Mn), da menor harmônica (Mh) e da menor melódica (Mm). No gráfico abaixo os acordes provenientes de cada grau se encontram na fileira correspondente ao seu campo harmônico de origem. Ou seja, o Am7 só é encontrado no campo da escala menor natural, o Bm7 só figura no campo menor melódico e assim por diante. Já os acordes que ficam entre uma fileira e outra são acordes comuns a dois campos harmônicos. Por exemplo, o BØ – meio diminuto – é comum aos campos das escalas menor natural e menor harmônica, o C+7M é comum aos campos da menor harmônica e melódica etc. O VII grau do campo menor melódico está entre parênteses porque o seu uso não se dá, normalmente, nessa tonalidade. Falaremos dele mais adiante.

Mn	Am7		C7M		Em7			G7	
		BØ		Dm7		F7M			
Mh									G#o
	Am7M		C+7M		E7				
Mm		Bm7		D7			F#Ø		(G#7alt.)
	I	II	III	IV	V	VI	VI+	VII	Vo9

Gráfico 12

Como exercício para a assimilação desses entrelaçamentos na tonalidade menor, pode-se analisar músicas como "The Shadow of Your Smile" (Johnny Mandel), conforme o exemplo abaixo. A inclusão dos modos correspondentes é sempre importante, ressaltando as notas evitadas de cada grau. Vale lembrar que só é preciso indicar as notas evitadas e não as condicionais.

Análise e modos

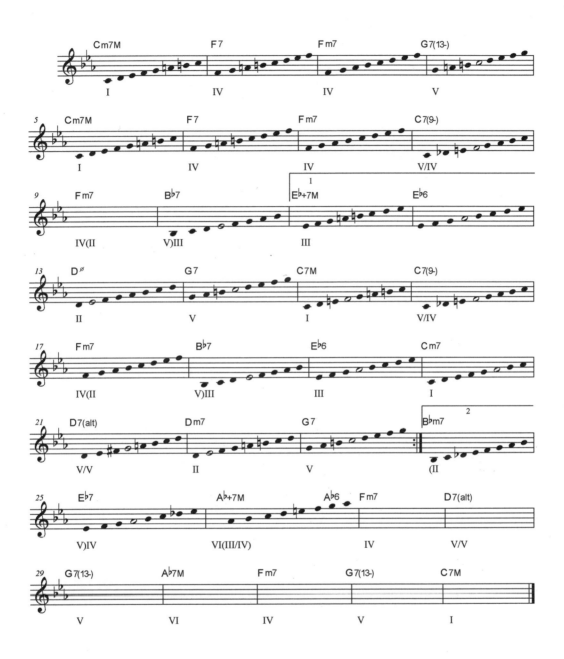

Exemplo 33

Aberturas por quartas em contexto tonal

O impressionismo francês e o *jazz* dos anos 1960 popularizaram bastante esse tipo de abertura. Arnold Schoenberg em seu *Tratado de Harmonia* já apresenta alguns acordes por quartas e a utilização em sua obra. Em nosso contexto, para cada função (I, II e V) há uma série de acordes que podem ser utilizados, por isso em contexto tonal, porque tais acordes serão utilizados para construção de cadências harmônicas com funções definidas. As principais características para a configuração da harmonia "quartal" no contexto tonal são as seguintes:

1. Dois intervalos consecutivos de 4ª, justa ou aumentada (excetuando o baixo). Há a clássica abertura por quartas com o intervalo de 3ª nas vozes agudas que se tornaram antológicas em "So What" (Miles Davis), que ocorrem no 4º e 7º acordes de exemplo da função I.
2. Notas básicas dos acordes presentes, ou seja, para a tipologia X7M[11] (função I) as notas básicas são a 3ª e 7ª (ou 6ª), para a tipologia Xm as notas básicas são a 3ª e 6ª (ou 7M) para função I na tonalidade menor e 3ª e 7ª para função II, para a tipologia XØ – meio diminuto – 5ª e 7ª; e para a tipologia X7 – dominante – 3ª e 7ª.

Observe que, nos exemplos abaixo, a mesma fundamental é mantida para todos os acordes. O baixo não integra o bloco. A abertura "quartal" consta nas quatro vozes superiores, ou seja, assim como no caso do *4way-close* e dos *drops*, os exercícios devem ser realizados com o baixo mais quatro vozes de bloco.

---

[11] Entendendo por X qualquer acorde.

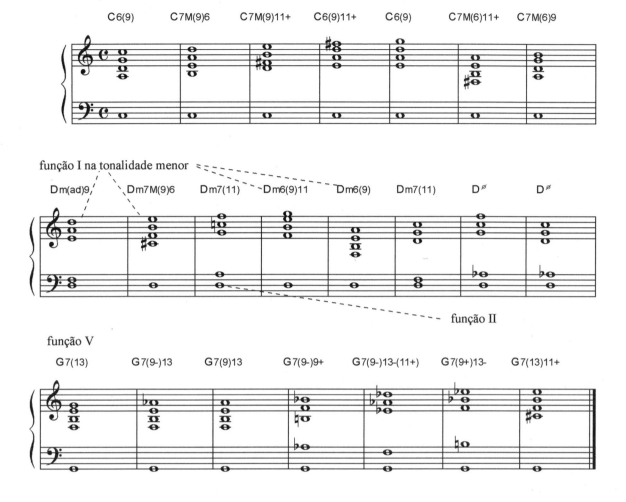

Exemplo 34[12]

Há aqui duas tipologias fundamentais do acorde dominante: aquela com alterações como 9ª menor, aumentada, 13ª menor e 5ª diminuta e aquela com 9ª maior, 13ª maior e 11ª aumentada. A primeira antecede, normalmente, um acorde menor (função I ou II) e a segunda, um acorde maior (funções I, IV ou V).

---

[12] Observe que, em alguns casos, os acordes maiores de função I ou IV da tonalidade maior, tipologia X7M, não apresentam a 3ª maior devido à limitação dos nossos exercícios a 5 vozes. Neles há uma consistência (que se percebe auditivamente) derivada, possivelmente, da série harmônica que torna a 3ª maior implícita ao ouvinte, fenômeno que não ocorre nos acordes menores

Construção de Encadeamento III

Pode-se agora construir cadências que façam uso da tonalidade menor com a mistura dos três campos: natural, harmônico e melódico. As dominantes secundárias e cadências derivadas continuam sendo possíveis. No tocante às aberturas o estudante pode misturar as possibilidades anteriores (*4way-close e drops*) com a abertura "quartal". Também devemos lembrar os passos recomendados para a construção da cadência: 1º: a sequência harmônica; 2º a melodia e, por último, as vozes restantes com a aplicação das aberturas. Veja os exemplos abaixo, faça a análise harmônica e das aberturas.

Exemplo 35

Exemplo 36

Aplicações dissociadas dos modos das escalas menor melódica e maior

Até agora, quando relacionávamos um modo a um acorde, procurávamos uma procedência do modo com relação à função do acorde. Por exemplo, se ocorre o acorde de D7(9) em DÓ maior, sua função é de V/V, ou seja, dominante da dominante, e seu modo correspondente é o de RÉ mixolídio, que é o modo correspondente ao V grau da escala maior, ou seja, o grau do modo corresponde ao grau da função do acorde. Outro exemplo: se nessa mesma tonalidade o acorde de E7(9-) se apresenta, a função dele é de V/VI e seu modo correspondente é o *frígio dominante* (ou *mixo9-/13-*), ou seja, o modo do V grau da escala menor harmônica, quer dizer, o grau do modo (V) corresponde ao grau da função (V). Na história do *jazz* e, por consequência na história da música popular brasileira a partir da Bossa Nova, ocorreu uma tendência a se usarem notas de extensão dos acordes (dissonâncias) derivadas de modos que não tinham notas evitadas. Os graus desses modos não correspondiam à função exercida pelo acorde, daí o uso dissociado. Confira os exemplos abaixo: no pentagrama superior há a aplicação dos modos "convencionais" na cadência II V I em tonalidade maior que, como exceção do dórico, apresenta uma nota evitada em cada um. O pentagrama inferior sugere os modos dissociados que alteram exatamente aquelas notas consideradas evitadas; no entanto, os graus não correspondem às funções.

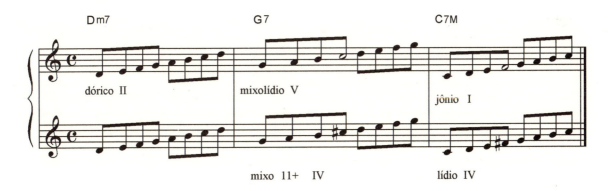

Exemplo 37

O exemplo abaixo apresenta a mesma cadência anterior, só que na tonalidade menor, com as mesmas características do primeiro exemplo. Lembre-se de que o modo *eólio* é o modo do I grau da tonalidade menor (natural).

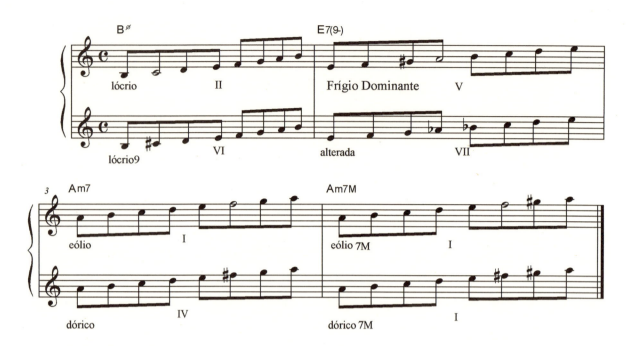

Exemplo 38

Resumindo, às cadências **II V** de **X** maior (I, IV e V na tonalidade maior) se aplicam os modos dissociados *dórico* e *mixo11+* e, às cadências **II V** de **Y** menor (II, III e VI na tonalidade maior) se aplicam os modos dissociados *lócrio9* e *alterado*. Cabe lembrar que para a tipologia X7M sempre se aplica o modo *Lídio*, mesmo que a função exercida pelo acorde seja de I grau (tônica). Da mesma maneira o acorde Ym7 quando na função I da tonalidade menor se aplica o modo *dórico* no lugar do *eólio* ou o modo *dórico7M* no lugar do *eólio7M*, muito embora essa última aplicação não seja dissociada, pois ambos os modos se situam no I grau das respectivas escalas menores (harmônica e melódica).

Obviamente não se trata de valorizar mais esses modos do que os anteriores. Cada um se encaixa melhor no gênero de música executado. Por exemplo, para *Cool Jazz* e Bossa Nova esses modos são mais adequados que os convencionais, mas o mesmo não se pode dizer quando eles são aplicados ao Choro e Samba de Morro. O estudante pode analisar o *standard* "Round Midnight" (T. Monk) aplicando o maior número possível de modos dissociados tal como no exemplo abaixo.

É possível utilizar as extensões características dos modos dissociados na construção de cadências, como, por exemplo, a 11ª aumentada no acorde dominante que se dirige a um acorde ou grau maior, a 9ª aumentada quando a mesma tipologia se dirige a um acorde ou grau menor, a 9ª maior no acorde meio diminuto da cadência **II V** que se dirige a um acorde ou grau menor etc.

Análise e aplicação dos modos dissociados

Exemplo 39

Aplicações dissociadas dos modos das escalas menor melódica e maior

29

Modulação às tonalidades vizinhas no círculo das quintas

Essa modulação se dá nas regiões vizinhas e relativas no Círculo das Quintas: a partir de uma tonalidade maior ou menor pode-se dirigir para as seguintes regiões:

1. **T** (tônica maior): **S** (subdominante), **D** (dominante), **sm** (submediante menor ou VI), **m** (mediante menor ou III) e **s/t** (supertônica menor ou II);
2. quando se está em tonalidade menor **t** (tônica): **s** (subdominante menor), **d** (dominante menor), **M** (Mediante maior ou III grau), **SM** (Submediante Maior, VI grau), **SubT** (Subtônica maior ou VII grau).

O **meio modulatório** para se realizar tais modulações são as **DS** (Dominantes Secundárias) ou os diminutos (Vo9) com função de **DS**. É importante lembrar que se pode utilizar a dominante ou o diminuto da tonalidade para a qual a modulação se dirige ou a dominante ou diminuto individual de outro grau do campo harmônico dirigido, principalmente o V/V ou Vo9 do V. Também se deve ter em mente que tais dominantes podem realizar, além do movimento harmônico de 4ª ascendente que se resolve no acorde direcionado, os movimentos de 3ª descendente, resolvendo-se na mediante do tom objetivado, ou de 2ª ascendente, que se resolve no VI grau ou submediante do novo tom, fazendo a cadência de engano.

O **processo modulatório** para a confirmação da modulação é o da cadência na nova tonalidade. Sem esses passos, o do meio e do processo modulatório, não se pode realizar modulação.

Existem, a meu ver, três níveis de afastamento a partir de uma determinada tônica: o da **Picardia**, que apenas apresenta o grau com a 3ª alterada (sétimas e nonas também no contexto da música popular) no sentido oposto ao determinado pelo campo harmônico, mas que é abandonado logo depois de atingido, como por exemplo o C7M(9) de "Luiza", de Tom Jobim, em DÓ menor. Ele não modula para a tonalidade homônima maior, apenas apresenta esse acorde e o abandona para voltar à tonalidade original. O segundo nível de afastamento é o da **Digressão** quando, além do acorde com as notas básicas (3ª e 7ª) alteradas, realiza uma cadência na nova tonalidade, mas também a abandona regressando à tonalidade original. A digressão à região do Mediante Maior (III) em "Lamentos", de Pixinguinha, é um bom exemplo desse procedimento. Por último temos a **Modulação** propriamente dita que abandona completamente a tonalidade original, pelo menos em uma determinada seção da música, como no caso do choro.

Exemplos de modulação às regiões vizinhas

```
T:  I    Vo9/V  (II   V)IV   S: (II   V)II    II   V    I
//: C7M  F#o  / Gm7 C7(9)  / Am7 D7(9-) / Gm7 C7(9) / F7M ://

T:  I    Vo9/II D: II    V       III    II+   II   V    I
//: C7M  C#o / Dsus7(9) D7(9) / Bm7  A#o / Am7 D7(9) / G7M ://

T:  I    V/II   s/t: VI   V/V     II         V       I
//: C7M  A7(13-) / Bb7M  E7(9-) / Asus7(9-)  A7(13-) / Dm6 ://

T:  I    IV   (II  V)III  m: III   VI    IV  Vo9/V II    V    I
//: C7M  F7M / F#Ø B7(9-) / G+7M C7M / Am7 A#o / Bsus7(9-) B7(9-)/Em6(9)://

T:  I   Vo9/VI sm:VI    IV   II   V        I
//: C7M  G#o / F7M/A  Dm7 / BØ  E7(9-) / Am7M(9) ://
```

Gráfico 13

O estudante deve analisar temas de choro como "Apanhei-te Cavaquinho", e "Segura Ele", conforme o exemplo abaixo.

Análise de modulação

Exemplo 40

Algumas dicas de condução melódica

Apesar de o enfoque harmônico da música popular aqui estudada ser pautado na construção dos campos derivados das escalas, o que radicaliza um ponto de vista em detrimento do modelo de condução de vozes, dois aspectos podem compensar tal radicalização. O primeiro já vem sendo abordado: é o das aberturas ou *voicings*. O segundo, que implicitamente também vem sendo mostrado, é o da condução melódica, principalmente aquele da voz mais aguda. Há uma série de procedimentos-padrão que podem ser retirados de diversos exemplos de *jazz* e Bossa-Nova. O primeiro deles advém do próprio contraponto, na 4ª espécie, quando, numa suspensão, uma 7ª se resolve na 3ª do acorde seguinte, num movimento de 4ª ascendente do baixo. Pode-se dar também com a 9ª (maior ou menor no caso do acorde dominante) que se resolve na 5ª do acorde seguinte. O mesmo ocorre com a 9ª aumentada de um acorde dominante, pode se resolver na 5ª ("Eu Preciso Aprender a Ser Só") ou, no caso da resolução em acorde maior (tipologia 7M), ½ tom acima na 7ª maior. Ainda há o caso da 11ª aumentada do acorde dominante que se resolve ½ tom acima na 9ª do acorde seguinte (maior ou menor). A 13ª (maior ou menor) de um acorde dominante também pode se resolver descendentemente na 9ª do acorde seguinte. Esses são os principais padrões melódicos que, se o estudante estiver atento, podem dar maior coerência ao exercício.

Observe a cadência abaixo, que apresenta algumas dessas tendências melódicas assinaladas e a síntese dos nossos últimos tópicos: modulação às tonalidades vizinhas e relativas no Círculo das Quintas e aberturas quartais em contexto tonal. Pode-se cifrar o último exemplo.

Exemplo 41

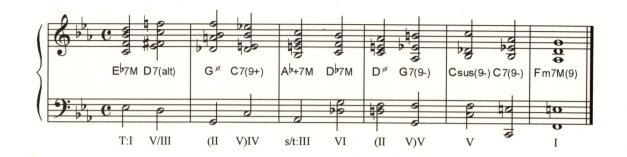

Exemplo 42

Exemplo 43

Modulação às 2ª, 3ª e 4ª tonalidades no círculo das quintas (homônimas)

Esta modulação acontece devido à propriedade de uma mesma dominante se resolver num acorde maior ou menor. No **meio modulatório** é sempre as dominantes secundárias (ou diminutos com função de DS) que se resolvem no acorde oposto (se era maior no campo se resolve em menor e vice-versa) ao indicado pelo campo harmônico. Observe o gráfico 14:

	C7M	Dm7	Em7	F7M	G7	Am7	BØ
	|	|	|	|	|	|	
V	G7	A7	B7	C7	D7	E7	
	|	|	|	|	|	|	
Tom	Cm	D	E	Fm	Gm	A	

Gráfico 14

O desenho abaixo apresenta no Círculo das Quintas as tonalidades para as quais a modulação, a partir de DÓ, podem se dirigir. O setor cinza representa o campo de forças das Dominantes Secundárias (DS) que era objetivado nas modulações anteriores.

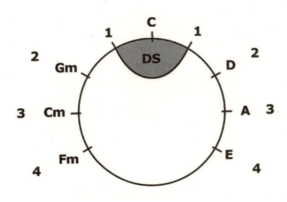

Desenho 3

O segundo passo para a modulação é o da cadência, ou seja, o **processo modulatório**. As regiões para as quais essas modulações podem se dirigir a partir de uma tônica maior

(**T**) são: tônica menor (**t**) – tonalidade homônima menor; Supertônica maior (**ST**); Mediante maior (**M**); subdominante menor (**sd**), dominante menor (**d**) e Submediante Maior (**SM**). Os níveis de afastamento mencionado no item sobre modulação às tonalidades vizinhas e relativas continuam valendo: **picardia, digressão** e **modulação**. Seguem abaixo alguns exemplos de modulação para as tonalidades objetivadas. É bom lembrar as possibilidades de resolução do acorde dominante no momento da modulação: 4ª ascendente, 3ª descendente e 2ª ascendente.

```
T:  I    V/II   II   V  t:  VI    IV    II  V         I
//: C7M  A7  /  Dm7  G7  /  Ab7M  Fm7 / DØ  G7 / Cm6(9) ://


T:  I   Vo9/III  (II  V)II ST:  III    II+   II  V    I
//: C7M  D#o  /  EØ   A7  /     F#m7   Fo /  Em7 A7 / D7M ://


T:  I    IV   (II   V)III M:  I     Vo9/V    V       V   I
//: C7M  F7M / F#Ø  B7  /     E+7M  A#o  /   Bsus7(9) B7 / E7M ://


T: I   Vo9/V  (II   V)IV sd: III    VI     II  V         I
//: C7M F#o / Gm7  C7(9-) / Ab+7M  Db7M / GØ  C7(alt) / Fm7M(9) ://


T:  I    V/VI VI  Vo9/V  d: I     VI    II  V           I
//: C7M  E7 / Am7  F#o  /  Gm6   Eb7M / AØ  D7(13-) / Gm6(9) ://


T:  I    IV   (II  V)VI SM: I     V/II      II   V      I
//: C7M  F7M / BØ  E7(alt) / A7M  F#7(13-) / Bm7 E7(9) / A7M ://
```

Gráfico 15

O aluno deve analisar choros como "Doce de Coco" e "Noites Cariocas", de Jacob do Bandolim, conforme o exemplo abaixo.[13]

Análise: modulação à tonalidade homônima

Exemplo 44[14]

---

[13] O acorde entre parêntese ainda não pode ser analisado.
[14] Nos quatro últimos compassos há uma distinção sutil entre função cadencial e função isolada do acorde, ou seja, embora a função isolada do acorde de E7 em Ré maior seja V/V, a função dele na cadência é de II, o mesmo valendo para o B7: V/II isolado e VI na cadência. Trata-se de um *turnaround* //: II7 V7 I6 VI7 ://

Acordes por quintas

A partir dos anos 1970 e 1980 os acordes por sobreposição de quintas passaram a ser utilizados de maneiras especiais na música popular. Podemos citar como exemplo o compositor brasileiro Egberto Gismonti, que fez largo uso deles ("Palhaço", "Infância" etc.). Trata-se de uma possibilidade dos *spreads*, ou seja, da posição espalhada. Tal como nos acordes por 4ªs, essa técnica é realizada a partir de algumas condições: os acordes devem conter as notas básicas – 3ª e 7ª para acorde dominante; 3ª e 7ª para acorde menor de função II, 3ª e 6ª para acorde menor de função I (tonalidade menor); 3ª e 7ª (ou 6ª) para acorde maior de função I ou IV; 5ª e 7ª para meio diminutos; a abertura deve possuir pelo menos dois intervalos consecutivos de 5ª, de preferência nas vozes agudas. Infelizmente não se pode utilizar o intervalo de 5ª diminuta, pois ele gerará, forçosamente, uma 9ª menor composta, a não ser seja formado em conjunto com uma 5ª aumentada mas, nesse caso, pode se perguntar se se trata realmente de um acordes por 5as. A sobreposição de quintas é também, obviamente, a inversão da sobreposição de quartas. Seguem abaixo as possibilidades de tais acordes para as tipologias comentadas.

Exemplo 45

Observe que, quando a 6ª figura no acorde menor no lugar da 7ª ele passa a exercer função de I na tonalidade menor. O quarto e sétimo acordes do exemplo soam F6(9), daí a falsa inversão.

Exemplo 46

Não há muitas possibilidades para o meio diminuto, e o segundo acorde é uma falsa inversão porque soa Fm6(7M).

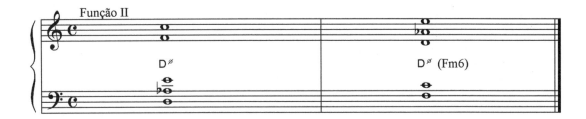

Exemplo 47

Por último, apresentamos a função de V dominante que, muitas vezes, tem que fazer uso da tipologia do *sus4*, com 4ª no lugar da 3ª ou, simplesmente, pela ausência da 3ª. A tipologia dominante necessita de 3ª e 7ª; entretanto, isso nem sempre é possível. Nesses casos optamos pela 7ª em detrimento da 3ª.

Exemplo 48

Observe que uma das lógicas que regem a construção desses acordes é a nota da ponta. Ou seja, realizamos várias tentativas de construção dessa abertura com a extensão da 7ª na ponta, da 6ª, da 5ª etc., tentando-se preencher os requisitos apresentados. Além disso, alguns acordes funcionariam bem a seis vozes, cuja 5ª justa foi omitida para ficarmos com as cinco vozes aqui exercitadas. Em alguns acordes foi realizada a inversão para evitar a redundância das dobras de 8ª.

Os acordes que possuem o intervalo de 5ª aumentada podem ser considerados como "falso quintais", ou seja, mesmo que sua sonoridade seja satisfatória, eles não possuem dois intervalos consecutivos de quinta justa já que, a quinta aumentada, é um intervalo que enarmonicamente pode ser ouvido como sexta menor.

Construção de Encadeamento IV

Apresentaremos agora um encadeamento no qual a abertura por quintas e a modulação para a região da mediante (M) são aplicadas: de LÁ bemol maior para DÓ maior. O segundo exemplo realiza duas modulações: de FÁ maior para sua supertônica maior (S/T) e, daí, para a tonalidade relativa de SOL maior, MI menor. O estudante deve construir exercícios semelhantes.

Exemplo 49

Exemplo 50

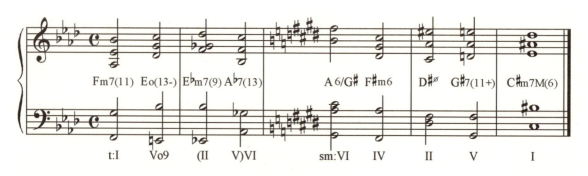

Exemplo 51

Sequências harmônicas fixas para improvisação (II): blues menor

Diferentemente do Blues Maior, o Blues Menor não possui um embasamento no folclore norte-americano. Ele é fruto da especulação dos músicos, principalmente John Coltrane. A partir da mesma estrutura básica do Blues Maior pode-se adaptá-la para acordes menores com uma diferença: no lugar da cadência V7 / IV7 / I7 / V7 da última frase se coloca -VI7 / V7 / Im7 / V7. Em primeiro lugar é importante lembrar que a tipologia do -VI7 é a do modo *mixo11+*. Lembramos sempre que essas cifragens não são analíticas, mas apenas "esqueletos" harmônicos que podem ser transpostos para quaisquer tonalidades; além disso, eles partem do modelo de DO maior, por isso a indicação de rebaixamento do VI grau (-VI).[15]

// Im7 / Im7 / Im7 / Im7 / Ivm7 / Ivm7 / Im7 / Im7 / -VI7 / V7 / / Im7 / V7 //

Gráfico 16

Exercícios

A partir dessa estrutura básica, uma série de variações harmônicas podem ser realizadas com base nos estudos efetuados: dominantes e cadências secundárias, bem como o uso do acorde diminuto com função de dominante. Realize os exercícios abaixo colocando-os nas tonalidades indicadas e indicando as funções utilizadas nas variações:

---

[15] Preferimos aqui a indicação do rebaixamento do grau via sinalização de -, em vez do habitual b (bemol), que só vale para uma tonalidade. Observe que, quando se trata de análise não indicamos o rebaixamento na tonalidade menor, já que este é próprio à escala.

Blues em FÁ menor

// Im7 / IVm7 / Im7 / I7 / IVm7 / +IVo / Im7 / -VIIm7 -III7 /
/-VI7 / V7 / Im7 -VI7 / IIØ V7 //

Gráfico 17

// Im6 / -VI7 / Im6 / VØ I7 / IV7 / IVm7 -VII7 / Im6 / Vim7 II7 / V7 /
/ -VI7 V7 / Im6 VIØ / IIØ V7 //

Gráfico 18[16]

O -VI7 do Blues menor passa também a figurar em músicas que não necessariamente estão na estrutura do Blues. É importante lembrar que sua característica principal decorre do fato de tal acorde comportar exatamente a blue note da pentatônica menor. Ou seja, tomando Lá como tonalidade de referência, a referida escala seria Lá-Dó-Ré-Ré#(Mib)-Mi-Sol-La. A Blue note (Re#-Mib) seria exatamente a 7a menor de F7, o acorde em questão. No Brasil o caso passa a figurar em diversas canções como, por exemplo, em "Tigresa" de Caetano Veloso.

---

[16] Resposta:

```
              V/IV      Vo9/V        (II   V)VI
//Fm7 / Bbm7 / Fm7 / F7 / Bbm7 / Bo / Fm7 / Ebm7 Ab7 / Db7 / C7 // Fm7 Db7 / GØ C7 //
            (II    V)IV       (II    V)III    (II    V)V
// Bm6 / G7 / Bm6 / F#Ø B7 /   E7 / Em7 A7 / Bm6 / G#m7 C#7 / F#7 /
/ G7 F#7 / Bm6 G#Ø / C#Ø F#7 //
```

Harmonização de melodia tonal menor

Agora realizaremos a harmonização de uma melodia em tonalidade menor. Os passos são os mesmos da harmonização em tonalidade maior e os recursos, praticamente os mesmos: a partir dos pilares retirados da melodia pode-se introduzir dominantes e diminutos secundários, cadência **II V** secundária e diminutos cromáticos e auxiliares. A única diferença são as extensões que podem ser adicionadas, derivadas das aplicações dissociadas dos modos. A melodia abaixo foi retirada das Missões Folclóricas coordenadas por Mário de Andrade, em 1938.

Exemplo 52

Da mesma forma o aluno pode realizar harmonizações semelhantes a partir de exemplos étnicos.

Empréstimo modal I

O desenho abaixo representa o campo de forças alcançado pelas relações de empréstimo modal (E.M. – cinza claro) no círculo da Quintas. Elas expandem, tendo DÓ como centro, para além das dominantes secundárias (D.S. – cinza escuro) através da incorporação dos acordes provenientes das regiões que, no momento anterior, eram atingidas através da modulação (às 2as, 3as e 4as tonalidades no Círculo das Quintas). O movimento é análogo ao da incorporação dos acordes provenientes das regiões das tonalidades vizinhas e relativas do Círculo das Quintas nas dominantes secundárias. Isto é, nos dois casos se procura modular para, num segundo momento, incorporar os acordes provenientes dessas modulações sem que ela – a modulação – enquanto tal aconteça. Pode-se notar que, do lado direito no Círculo das Quintas, incorporam-se primeiro as tonalidades maiores da região e, no lado esquerdo, as tonalidades menores da região, devido à afinidade dessas fundamentais com os graus do Campo Harmônico. Ou seja, os acordes dos campos harmônicos (CH) à direita se incorporam diretamente à tonalidade de LÁ menor enquanto os acordes à esquerda se incorporam diretamente à tonalidade de DÓ maior. Portanto, é somente indiretamente que os acordes provenientes dos Campos Harmônicos à direita se incorporam em DÓ e os da esquerda, em LÁ menor. Por exemplo: Fm6 em LÁ menor é iv/III, empréstimo modal de DÓ maior que se incorporou indiretamente na tonalidade e, por outro lado, F#m7 em DO maior é VI/VI, empréstimo modal de LÁ menor que se incorporou indiretamente na tonalidade. É interessante notar que Schoenberg classificaria esses dois casos de maneiras diferentes: o primeiro seria uma relação indireta **sbM** (subdominante menor da mediante) e o segundo como uma relação distante **smsm** (submediante menor da submediante menor). Confira no capítulo sobre a monotonalidade.

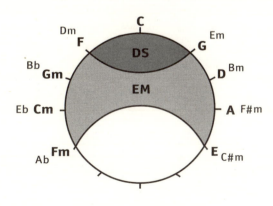

Desenho 4

Cruzamento dos campos maior e menor

Observe o gráfico abaixo:

C7M	DØ	Eb+7M		Fm7	Gm7	Ab7M		Bb7(M)	
									Bo
Cm7(M)	Dm7		Em7	F7M	G7(9-)		Am7		
I	II	-III	III	IV	V	-VI	VI	-VII	Vo9

Gráfico 19

A partir de tais incorporações, a tonalidade se torna maior-menor, isto é, em uma música em tonalidade maior podem ocorrer acordes provenientes do campo menor e vice-versa, embora a segunda possibilidade seja mais rara. Daí que se os denominem acordes de empréstimo modal, isto é, advindos do modo menor, quando no primeiro caso, e do modo maior, quando no segundo. Exercício: analise a canção "Nigth and Day" (Cole Porter) determinando os acordes de empréstimo modal conforme o exemplo abaixo:

Análise de empréstimo modal

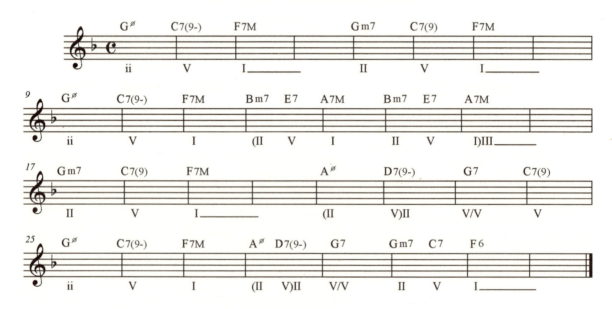

Exemplo 53[17]

---

[17] Apenas para acordes de empréstimo modal utilizamos as letras minúsculas nos graus.

Notas evitadas da escala maior harmônica

A escala maior harmônica é construída a partir da escala menor harmônica com a terça elevada em meio-tom, ou seja, maior. Exemplo: **DÓ RÉ MI FÁ SOL LÁb SI DÓ**. Também pode-se pensar na escala maior com o sexto grau rebaixado em semitom. Encontramos alusões a ela no tratados de harmonia de Rimsky Korsakov, Joaquin Zamacoiz e Henrich Schenker. No terreno do *jazz* há a indicação do modo Lídio Diminuto (escala maior harmônica começada pelo 4º grau) por George Russell em seu *The Lydian Chormatic Conception of Tonal Organization for Improvisation*.

Quando se monta o sistema das notas evitadas da escala maior harmônica, observa-se que nele se dão as principais relações de empréstimo modal na tonalidade maior: II grau meio diminuto; IV grau menor com sétima maior ou sexta maior; V grau dominante com nona menor que se resolve num acorde maior (I grau); o VI grau bemol com 6ª (no lugar da 5ª aumentada) e VII grau diminuto que se resolve em maior (I grau). Observe o exemplo abaixo:

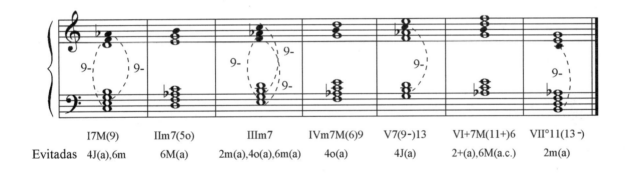

Exemplo 54

Quando verificamos todas as extensões do campo da escala maior harmônica, observamos as possibilidades expostas acima para cada grau. No entanto, não daremos nomes aos modos, a não ser àqueles já consagrados pela antologia teórica ou pela práxis dos improvisadores, como no caso do lídio diminuto. Resumindo, então, temos:

I grau   nota evitada: 4ª justa (compõe intervalo de 9ª menor com a 3ª do acorde) e 6ª menor (9ª menor com a 5ª justa);

II grau   nota evitada: 6ª maior (transforma o meio diminuto em diminuto alterando sua função: de subdominante passa à função de dominante);

III grau notas evitadas: 2ª menor, 4ª diminuta e 6ª menor (todas compõem intervalo de 9ª menor com a tríade do acorde);

IV grau nota evitada: 4ª diminuta (transforma a tétrade menor em meio-diminuta alterando a função);

V grau nota evitada: 4ª justa (compõe 9ª menor com a 3ª do acorde);

VI grau nota evitada: 2ª aumentada (transforma o acorde maior em menor) e a 6ª maior é evitada condicional, não pode ser colocada juntamente com a 5ª aumentada, deve se escolher entre uma nota e outra;

VII grau nota evitada: 2ª menor (compõe 9ª menor com a fundamental).

O aluno pode realizar o seguinte exercício: Coloque os modos correspondentes da música "All of You" (Cole Porter) e sempre que ocorrer um acorde de empréstimo modal aplicaremos a escala maior harmônica da tonalidade correspondente, tal qual o modelo abaixo. Observe que há uma indicação de modulação para a região da mediante bemol (Mb) que retorna e a indicação das notas evitadas que seguem os critério expostos.

Análise e modos: escala maior harmônica

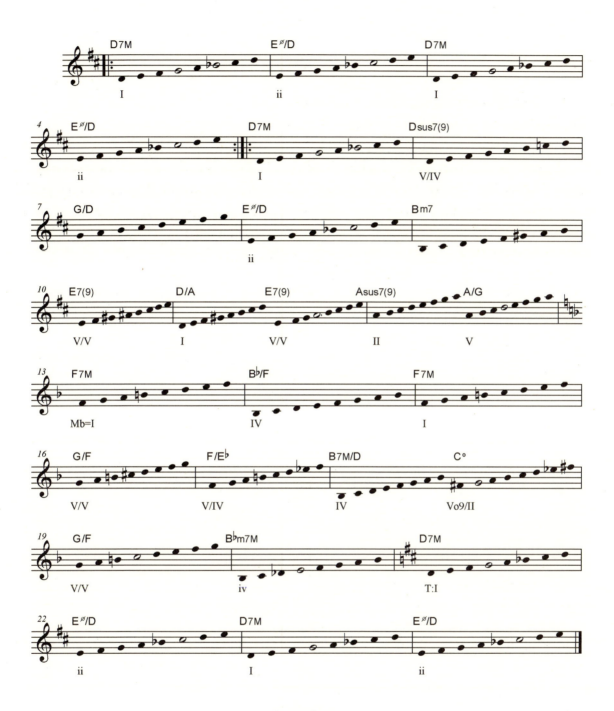

Exemplo 55

Notas evitadas da escala maior harmônica

Abertura em *clusters*

Para a realização de cadências com o uso dos acordes de empréstimo modal introduziremos o uso de uma nova abertura: dos acordes por *clusters*. A palavra *cluster* é utilizada usualmente para certas configurações cromáticas muito utilizadas por compositores de vanguarda do século XX (Varèse, Ligeti, Penderesky etc.). No nosso contexto utilizamos esses "agregados" sempre a partir de uma diatonia básica, ou seja, as notas sempre são retiradas de uma escala ou modo. Para se usar corretamente o *cluster* deve-se atender às seguintes exigências:

1. Pelo menos dois intervalos de 2ª (maior ou menor) no âmbito de uma 7ª (maior ou menor);
2. Proibido o intervalo de 2ª menor entre as duas vozes extremo agudas;
3. Utilizar, sempre que possível, as duas notas básicas de cada acorde. Quando não for possível deve-se escolher aquela que mais caracteriza a função (3ª para os acordes maiores e menores e 5ª diminuta para os meio-diminutos). A tipologia dominante exige a presença das duas notas básicas. O exemplo abaixo apresenta as possibilidades de *clusters* para a função de I grau (ou IV) com todas as notas diatônicas na melodia. Sendo a 4ª evitada no modo jônio, há a sua substituição pela 4ª aumentada do modo Lídio.

Exemplo 56

Já a função de II grau apresenta as possibilidades demonstradas abaixo. Repare que alguns acordes estão dificultados, como no caso dos acordes assinalados com asteriscos: o terceiro apresenta 6ª e 7ª juntas, o que dificulta a função de II grau, devido ao fato de a 6ª ser uma nota evitada nessas condições e, com a 6ª na ponta (melodia) não há como este acorde exercer a função de II grau, mas de I grau na tonalidade menor. Já o segundo acorde não apresenta nem a 7ª menor nem a 6ª maior:[18]

---

[18] Mais uma vez insistimos no ponto de que o acorde menor, quando tem a extensão da 7ª menor, está mais propenso a exercer a função de um II da cadência **II V** e, quando esse mesmo acorde tem

Exemplo 57

Como foi dito, a função de Dominante (V grau) necessita das duas notas básicas: 3ª e 7ª, o que dificulta a construção sempre em *cluster*. Perceba que, nos acordes com asterisco, não foi possível atender à imposição das duas notas básicas na função de dominante. Tais acordes devem ser utilizados como *sus4*, ou seja, acordes sem 3ª. Observe também que, tal como no modo *jônio*, às vezes se utiliza a 4ª aumentada, transformando o modo *mixolídio* em *mixo11+* (4º modo da escala menor melódico – bachiano).

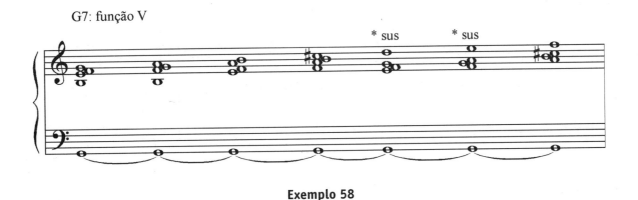

Exemplo 58

O estudante pode construir então os *clusters* nos acordes meio-diminutos e investigar algumas possibilidades nas dominantes com extensões alteradas: 9-, 9+, 13- etc.

---

extensão de 6ª maior, função de I grau na tonalidade menor. Trata-se de uma generalização de sentido prático; há outras opções como, por exemplo, o acorde menor com 6ª maior ocorrer no IV grau da tonalidade menor.

Abertura em clusters

Construção de Encadeamento V

Pode-se agora construir encadeamentos com as seguintes características: acordes de empréstimo modal e abertura em *cluster*. Obviamente, o exercício não será construído apenas com essas propriedades, mas elas devem ser misturadas com as anteriores. Toque e faça a cifragem dos exemplos abaixo:

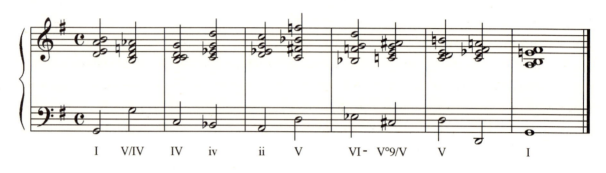

Exemplo 59

Exemplo 60

Acorde diminuto e seu modo (II)

A partir da possibilidade do uso da escala maior harmônica, observa-se que ela gera, em seu VII grau, um acorde diminuto que se resolve, como dominante que é, em um acorde maior. Se, por extensão, cada acorde do Campo Harmônico Maior pode ser antecedido ou sucedido por um diminuto individual, tal como vimos no capítulo sobre o acorde diminuto, podemos agora considerar o seguinte: quando um acorde diminuto estiver meio-tom abaixo de um acorde maior no campo harmônico (I, IV e V na tonalidade maior) ele será gerado pela escala maior harmônica (MH) e, quando um acorde diminuto estiver meio-tom abaixo de um acorde menor no campo harmônico (II, III e VI na tonalidade maior), ele será gerado pela escala menor harmônica (mh), tal como sugerimos abaixo.

Vo9		Vo9/II		Vo9/III		Vo9/IV		Vo9/V		Vo9/VI	
Bo	C7M	C#o	Dm7	D#o	Em7	Eo	F7M	F#o	G7	G#o	Am7
MH		mh		mh		MH		MH		mh	
	I		II		III		IV		V		VI

Gráfico 20

Isto implica que, agora, com três escalas maiores harmônicas, correspondentes aos I, IV e V graus, e com três escalas menores harmônicas, correspondentes aos II, III e VI graus, podemos resolver a situação de qualquer acorde diminuto, se ainda considerarmos, tal como na primeira vez, sua possibilidade de simetria. Observe o desenho abaixo[19]:

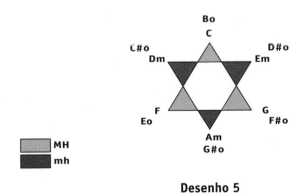

Desenho 5

---

[19] MH = maior harmônica; mh = menor harmônica. Este desenho com dois triângulos relacionada com as três regiões maiores (C, F e G) e menores (Am, Dm e Em) foi sugerida pelo professor Ricardo Rizek.

O triângulo superior, com as bordas pintadas de cinza claro, indica os graus maiores, seus diminutos correspondentes na tonalidade de DÓ maior e, portanto, às três escalas maiores harmônicas em DÓ maior: de DÓ, de FÁ e de SOL. O triângulo inferior, com as bordas pintadas de cinza escuro, indica os graus menores e seus diminutos correspondentes e as três escalas menores harmônicas na tonalidade de DÓ maior: de LÁ, RÉ e MI menor harmônicas.

Faça a análise da canção "Passaredo" (Francis Hime & Chico Buarque) e coloque o modo do VII grau da escala maior harmônica para os acordes diminutos que se resolverem em acordes maiores, e o modo *lócrio diminuto* (VII grau da escala menor harmônica) para os acordes que se resolverem em acordes menores no campo, tal qual o exemplo abaixo.[20]

Análise e modos: acordes diminutos

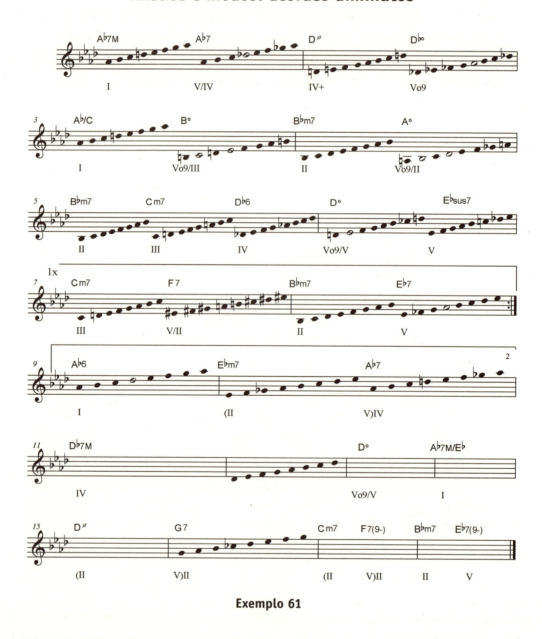

Exemplo 61

---

[20] Observe o uso da escala maior harmônica na dominante do tom (Eb7) com 9ª menor.

O acorde e a cadência napolitana

Tradicionalmente o acorde napolitano é a primeira inversão do acorde maior do II grau rebaixado em meio-tom na escala maior ou menor. O nome sexta napolitana advém do fato de na harmonia tradicional, se grafar a primeira inversão com o número 6 (no caso IV6), já que este intervalo (6ª) acontece entre o baixo invertido e a fundamental do acorde. Já a designação "napolitano" é relativamente arbitrária[21]. No caso da música popular a primeira inversão é deixada de lado e a indicação de grau se faz com II-. Tal acorde engendra uma cadência denominada cadência napolitana, que na música clássica assume as seguintes possibilidades: **II- I6/4**[22] **V I**, **II- V I**, e a versão plagal **II- I**. Observe os exemplos abaixo:

Exemplo 62

Exemplo 63

---

[21] Uma explicação sobre a origem do acorde napolitano e seu nome encontra-se na obra sobre harmonia de Diether de la Motte (p. 80).

[22] Tríade maior na segunda inversão.

Observe que a cadência napolitana pressupõe sempre um salto de trítono entre a fundamental do acorde napolitano e a fundamental da dominante, o mesmo não acontecendo no caso plagal. Utilizando o recurso do acorde *sus7*(9) como representante do I6/4[23] no contexto jazzístico temos as seguintes possibilidades cadenciais:

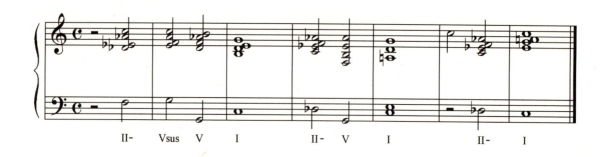

Exemplo 64

A tipologia do acorde napolitano na música popular é sempre aquela do modo lídio, ou seja, acorde maior com **7M, 9, 6 e 11+**. O estudante pode analisar o choro "Sonoroso", de K-Ximbinho, conforme o exemplo abaixo:

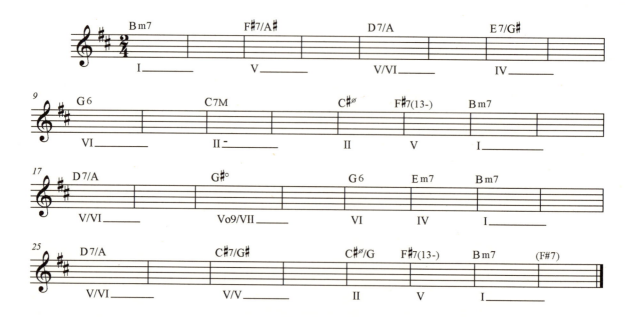

Exemplo 65

Há que se notar a diferença entre o napolitano (-II) que ocorre na tonalidade menor do que ocorre na tonalidade maior. Embora ambos pertençam à mesma categoria, a do modo lídio,

---

[23] Tal como sugere Sérgio Paulo Ribeiro de Freitas em sua dissertação de mestrado, "Teoria da Harmonia na Música Popular" (ver bibliografia).

quando este ocorre na tonalidade menor seu empréstimo vem da tonalidade vizinha, por exemplo: Bb em Lá menor é VI de Ré menor, tonalidade vizinha. Quando o mesmo ocorre em tonalidade maior há um empréstimo de quatro tonalidades no círculo das 5as, como, por exemplo, Db em Dó maior: Schoenberg o explica como sendo derivado do VI grau de Fá menor e autores mais ligados à práxis da música jazzística o associam ao modo frígio que, de qualquer forma, se encontra nessa mesma distância entre armaduras de clave (Dó maior – Fá menor). Isso significa que o napolitano na tonalidade menor tem uma relação muito mais próxima com a tônica do que o -II na tonalidade maior. Tal fato explica a aparição do primeiro já no período Barroco e do segundo em períodos posteriores, ainda mais quando se tem em mente que os sistemas de afinação, ao caminharem para o temperamento igual, proporcionaram tais incorporações mais longuínquas (Db em Dó maior) que, em períodos anteriores aos dos temperamentos adotados no período romântico, fariam tais acordes soarem desafinados dentro da tonalidade.

Dominante auxiliar

As dominantes auxiliares são as dominantes secundárias dos acordes de empréstimo modal, aquelas que estão sublinhadas na representação abaixo. Tal representação corresponde aos principais acordes de empréstimo do Campo Harmônico Maior. Quando a fundamental do grau do campo é comum ao campo maior, a dominante é secundária. Trata-se, na verdade, de uma diferenciação mais conceitual do que prática. Entretanto, suas implicações, ainda que conceituais, favorecem um entendimento mais amplo do fenômeno harmônico aqui estudado. Observe o gráfico abaixo:

V: G7	Ab7	A7	Bb7	C7	D7	Eb7	F7	
C7M	Db7M	DØ	Eb7M	Fm7	Gm7	Ab7M	Bb7(M)	Bo
				F7				
I	II-	II	III-	IV	V	VI-	VII-	Vo9

Gráfico 21

Isto é, cada acorde de Empréstimo Modal pode ser precedido por uma dominante individual. Na tonalidade menor há um menor número de incidência de acordes de empréstimo modal, comprovando a máxima de que "tudo que serve ao menor serve ao maior, mas nem tudo que serve ao maior serve ao menor"[24]. Novamente, as dominantes sublinhadas correspondem às dominantes auxiliares e as demais trata-se simplesmente de dominantes secundárias:

V: G7	A7	B7	C7	D7	E7		
Cm6	Dm7	Em7	F7M	G7	Am7	BØ	
I	II	III	IV	V	VI	VII(II/VI)	

Gráfico 22

---

[24] Essa máxima pode ser verificada nos seguintes exemplos: uma pentatônica menor pode ser aplicada a um Blues maior, mas o contrário, uma pentatônica maior aplicada a um Blues menor, não é verdadeiro; pode-se colocar as tensões alteradas (9-, 9+ e 13-) em um acorde dominante que se resolve num acorde maior, mas o contrário, extensões não alteradas (9 e 13) colocadas em um acorde dominante, não funciona na maioria das vezes que se resolve em um acorde menor.

O uso de tais acordes amplia só as possibilidades de cadências (*Turnarounds*) na tonalidade maior.

Turnarounds

```
//:  C7M   /   A7    /  Dm7   /  G7  ://
      I       V/II      II       V

//:  C7M   /   Eb7   /  Ab7M  /  G7  ://
      I       V/VI-    VI-       V

//:  C7M   /   A7    /  Ab7M  /  G7  ://
      I       V/II     VI-       V

//:  C7M   /   Eb7M  /  Ab7M  /  G7  ://
      I       III-     VI-       V

//:  C7M   /   Ab7M  /   DØ   /  G7  ://
      I       VI-      II        V

//:  C7M   /   Ab7   /  Db7M  /  G7  ://
      I       V/II-    II-       V
```

Gráfico 23

As dominantes auxiliares também podem ser precedidas pelos respectivos II graus, formando uma cadência **II V** para cada grau de empréstimo. O aluno pode analisar o tema "Lady Bird" (Tadd Dameron). Veja a ampliação da representação anterior, com o II grau também correspondendo ao empréstimo.

II:	Ebm7	EØ	Fm7	Gm7	Am7	Bbm7	Cm7	
V: G7	**Ab7**	A7	**Bb7**	C7	D7	**Eb7**	F7	
C7M	Db7M	DØ	Eb7M	Fm7	Gm7	Ab7M	Bb7(M)	Bo
				F7				
I	II-	ii	III-	IV	v	VI-	VII-	V9

Gráfico 24

Dominante auxiliar | 77

Também possível na tonalidade menor:

II:	Dm7	EØ	F#Ø	GØ	AØ	BØ
V:	G7	A7	<u>B7</u>	C7	D7	<u>E7</u>
	Cm6	Dm7	Em7	F7M	G7	Am7
	I	II	III	IV	V	VI

Gráfico 25

Modulação às 2ª, 3ª e 4ª tonalidades no círculo das quintas a partir das dominantes auxiliares (D.A.)

Tendo como base as Dominantes Auxiliares, podemos modular de maneira mais direta para algumas das 2ª, 3ª e 4ª tonalidades no Círculo das Quintas. Se antes tínhamos que passar pelas dominantes secundárias (DS) e resolvê-las nos campos harmônicos homônimos[25], tal fato fazia com que uma modulação, por exemplo, de DÓ maior para LÁ bemol maior se desse de maneira indireta, através de FÁ menor, já que a conexão dessas duas tonalidades se dava através da dominante secundária do acorde de F (C7 ou E°) que se resolvia em Fm ou qualquer outro acorde do campo e, a partir daí, poderíamos seguir em direção à LÁ bemol. Com as dominantes auxiliares e suas cadências respectivas podemos realizar diretamente a cadência II V do VI- e, a partir daí, realizar a modulação. O mesmo vale, por exemplo, para sair de LÁ menor em direção à DÓ sustenido menor. Antes tínhamos que passar pela dominante secundária de Em (B7 ou D#o); essa dominante se resolvia no campo de MI maior para, então, seguir em direção à tonalidade referida. Com as Dominantes Auxiliares podemos seguir de LÁ menor para DÓ sustenido menor diretamente através da dominante auxiliar V/III+ (G#7), que se resolveria no campo harmônico almejado. Veja os exemplos abaixo, observe que as cadências que afirmam as tonalidades fazem uso dos *turnarounds* estudados:

```
T:   II      V       I   V/VII-   SubT=I V/VI-  VI-   V         I
//: Dm7 G7(13) / C7M F7(13)    / Bb7M Db7(9) / Gb7M F7(13-) / Bb7M ://

T:   I    VI    (II   V)III-  Mb:III V/VI-  VI-   II-   I
//: C7M Am7 / Fm7 Bb7(13) / Gm7   F#7 / B+7M E7M / Eb7M ://

T:   I   V/III    (II   V)VI-   SMb:VI- Vo9/V V................   I
//: C7M B7(13-) / Bbm7 Eb7(9-) /   E7M   Do / Ebsus7(9) Eb7(9) / Ab7M ://

t:   II    V     I   V/II   s/t: VI   IV    II    V         I
//: BØ E7(9-) / Am7 F#7(11+) / G7M Em7 / C#Ø F#7(13-) / Bm6(9)://

t:   I    V/IV    IV    V/VI+  #sm:  I    VI   II    V       I
//: Am7 A7(13-) / Dm7(9) C#7(9+) /   F#m7 D7(9) / G#Ø C#7(9-) / F#m7M ://

t:   I    V/III+   #m:  III   VI    II    V       I
//: Am7M G#7(13-) / E+7M A7M / D#Ø G#7(9-) / C#m7M(9)://
```

Gráfico 26

---

[25] Ver capítulo correspondente.

Observe a transformação do segundo exemplo de modulação em cadência, com a inclusão das aberturas por *clusters*: toque e faça a análise.

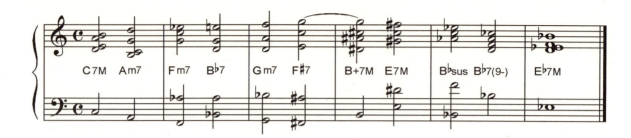

Exemplo 66

Outra importante diferenciação a ser realizada, além das mencionadas (Picardia, Digressão e Modulação) está entre esta última (Modulação) e a Transposição, embora em alguns casos seja muito difícil precisar qual dos casos está ocorrendo. A Modulação envolve, necessariamente, o meio modulatório, ou seja, a preparação para a nova tonalidade. Já a Transposição pode ocorrer de maneira súbita. Além disso, como muitos exemplos de arranjos para Big Band demonstram, o "chorus" inteiro é transposto para diferentes tonalidades ao passo que no Choro, por exemplo, novos acontecimentos harmônicos acontecem na nova tonalidade diferenciando, assim, a Transposição (1º caso) da Modulação (2º caso).

Propriedades especiais da escala maior harmônica

Assim como no caso da escala menor melódica (bachiana), a escala maior harmônica apresenta, em alguns de seus graus, características peculiares. É o caso do III grau. Em vez de, empilharmos em terças, tal como fizemos na exposição das notas evitadas da escala maior harmônica, que gerou três notas evitadas para este grau, faremos a sobreposição de quartas, gerando uma nova possibilidade para o acorde de dominante alterado, um alterado com as extensões de 9+, 9-, 13-, porém, com a 5ª justa.

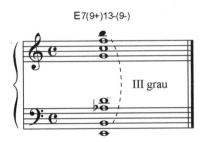

Exemplo 67

Observe que a última nota da sobreposição caiu para compor um intervalo de 5ª justa com a voz mais grave. Aplique os modos em "Insensatez" (Tom Jobim & Vinícius de Moraes) colocando o modo do III grau da escala maior harmônica para os acordes alterados (dominantes) da música conforme o exemplo a seguir:

Análise e modos: dominantes auxiliares e aplicações dissociadas da escala maior harmônica

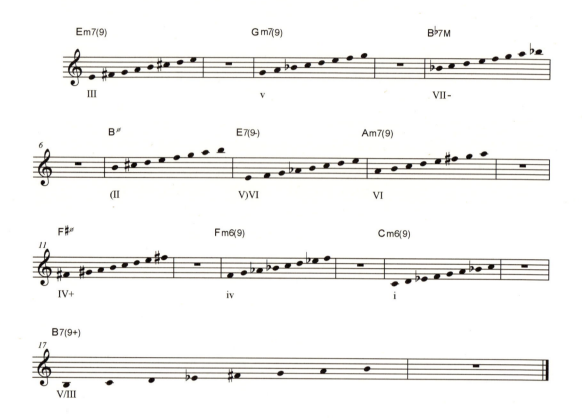

Exemplo 68

Além desse caso há também a aplicação do V grau da escala maior harmônica, acorde dominante com 9ª menor e 13ª maior (usada no compasso 8 do exemplo 61) e o caso do I grau da mesma escala que pode realizar um acorde aumentado com 7M e 5ª justa: Do Mi Lab(Sol#) Si Sol!

Cadência napolitana secundária

A partir da compreensão da cadência napolitana pode-se explorar a sua ampliação para os demais graus da escala, lembrando sempre que o acorde napolitano é de tipologia maior com 7ª maior e que, na cadência napolitana, há um salto de trítono entre a fundamental desse acorde e a dominante individual correspondente. Essa dominante pode resolver, ou não, no acorde prometido, tal como vimos, nas dominantes secundárias.

II-	Db7M	Eb7M	F7M	Gb7M	Ab7M	Bb7M	
	|	|	|	|	|	|	
V	G7	A7	B7	C7	D7	E7	
	|	|	|	|	|	|	
	C7M	Dm7	Em7	F7M	G7	Am7	BØ
	I	II	III	IV	V	VI	

Gráfico 27

Com todas essas possibilidades o estudante pode construir cadências que utilizem os acordes de **EM** (empréstimo modal), as **DA** (dominantes auxiliares), os acordes napolitanos e suas cadências (principal ou secundária). Observe o exemplo abaixo com o uso do acorde G7(9+) com 5ª justa, possibilidade advinda da escala maior harmônica:

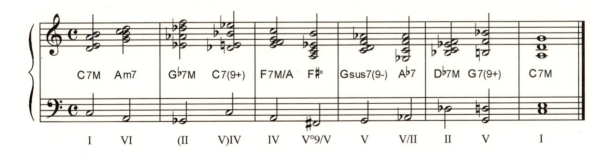

Exemplo 69

O estudante também pode colocar os modos de "Lady Bird", de Tadd Dameron, conforme o exemplo abaixo:

Análise e modos: cadência napolitana secundária[26]

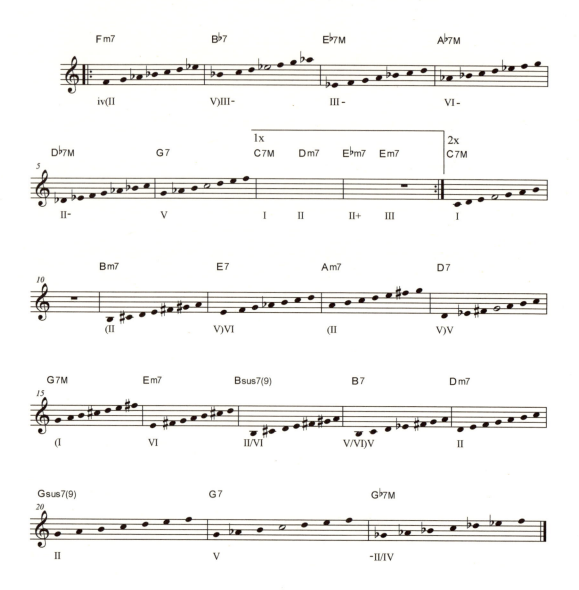

Exemplo 70

---

[26] Observe a digressão à região da Dominante Maior ocorrida entre os compassos 15 – 18. Ela também poderia ser indicada da seguinte maneira: **D: I VI (II V)VI**.

Os acordes de 6ª aumentada e o subV

Alguns teóricos consideram os acordes de 6ª aumentada a origem do **substituto de dominante** na música popular (subV). Característico dos períodos clássico e romântico, as tipologias dos acordes de 6ª aumentada correspondem a algumas das possibilidades denominadas por Schoenberg acordes errantes, devido às várias possibilidades de re-interpretações enarmônicas. Para o autor, todos esses acordes representam o II grau: "o mais favorável é supor que representa o II, porque o II, quando vai ao V, faz um movimento de cadência autêntica, e quando vai ao I faz o movimento de uma cadência interrompida". Para outros autores tais acordes representam o V grau. As figuras abaixo demonstram os quatro tipos de acordes de 6ª aumentada com as denominações dadas por Walter Piston e a fundamental oculta (RÉ) dada por Schoenberg na clave de *fá*.

Exemplo 71

As próximas figuras apresentam os diversos tipos de acordes de 6ª aumentada em suas respectivas cadências no contexto da harmonia tradicional: passando pelo I6/4 (tríade maior na segunda inversão) ou indo direto para o V grau. Observe como a cifragem que, em vez de denominar o acorde com 6ª aumentada, enarmoniza a 6ª aumentada para 7ª menor, tornando o acorde pertencente à tipologia dominante.

Exemplo 72

O subV e o subV secundário

No contexto do jazz e da música popular brasileira, o acorde de 6ª aumentada é considerado um substituto de dominante, ou seja, ele representa o V grau. Se nas cadências anteriores os acordes de 6ª aumentada preparavam o V grau ou o I6/4, nas cadências do gênero jazzístico o substituto de dominante prepara o I grau. Há uma explicação para essa denominação (subV) que se apoia no compartilhamento do mesmo trítono entre o acorde dominante (SOL *SI RÉ FÁ*) e o do subV (RÉb *FÁ LÁb SI*). A partir desse dado, o subV também pode se dar na forma de dominante secundário, ou seja, na forma de subV secundário:

SubV:	Db7	Eb7	F7	Gb7	Ab7	Bb7	
	|	|	|	|	|	|	
	C7M	Dm7	Em7	F7M	G7	Am7	BØ
	I	II	III	IV	V	VI	

Gráfico 28

Há uma diferença sutil entre o subV que se resolve num acorde menor e um que se resolve num maior. O subV que se direciona para um acorde maior do campo é, via de regra, da tipologia V7(9+), que corresponde ao modo *alterado* e, por outro lado, o subV que se direciona para um acorde menor no campo é, via de regra, da tipologia V7(9)11+, que corresponde ao modo *mixo 11+*. No entanto, como "tudo que serve ao menor serve ao maior, mas nem tudo que serve ao maior serve ao menor", o subV de tipologia V7(9)11+ também é muito utilizado para acordes maiores do campo, e o contrário nem sempre é verdadeiro.

- **SubV7(9+)**   - modo *alterado* - X maior (7 ou 7M).
- **SubV7(9)11+** - modo *mixo 11+* - X menor ou X maior (7 ou 7M)

Tome-se como exemplo o acorde de C7M. O subV correspondente (C#7) pertence a princípio à tipologia do *alterado* (9-, 9+, 11+ e 13-). O modo de DÓ# *alterado* é o modo da escala de RÉ menor melódico (bachiano), exatamente a escala do modo de SOL *mixo11+*, o modo dissociado da dominante original, já que C#7 é, segundo a teoria da música popular, o substituto de G7. O mesmo vale para o segundo caso: quando se toma o acorde de Am7 o substituto de sua dominante individual é o Bb7, pertencente à categoria do *mixo11+*, cuja dominante original (E7), por ser dominante de acorde menor, possui, como modo artificial ou dissociado, as características do modo *alterado*. Se SI bemol *mixo11+* é o modo do IV grau da escala de FÁ menor melódica, MI *alterado* é o modo do VII grau da mesma escala. Ou seja, utiliza-se a mesma escala para o V e o subV e, quando aplicava-se o modo dissociado nas dominantes, já utilizávamos os modos de seus respectivos substitutos. Pode-se analisar e escrever os modos para "Autumn leaves" (Joseph Kosma) conforme o exemplo abaixo. Observe o uso da Escala Maior Harmônica na cadência (ii V) III.

Exemplo 73

Tríades na camada superior (TCS)

As aberturas em tríades na camada superior (TCS) visam a obter as extensões dos acordes dentro das posições fechadas específicas das tríades. Tais aberturas são muito utilizadas no acompanhamento (*comping*) pianístico do jazz, em que uma tríade é executada pela mão direita e as notas básicas ou até um *4-way* é executado pela mão esquerda. Essa mesma aplicação vale quando o naipe de trompetes de uma Big Band executa uma tríade e os trombones as notas básicas ou o *4-way*, ao modo dos arranjos de Thad Jones.[27] Como trabalhamos aqui sempre a cinco vozes a voz mais grave deve apresentar a fundamental do acorde, e a voz seguinte (2º sax-tenor) deve apresentar pelo menos uma nota básica do acorde. Como foi observado no capítulo referente às aberturas por Quartas, as notas consideradas básicas nesse contexto são: 3ª e 7ª para os acordes menores (quando tiver função de II grau), maiores e dominantes. No caso das tipologias meio diminutas e diminutas as notas básicas são a 5ª e a 7ª. Em alguns acordes a tríade colocada na estrutura superior já apresenta uma das notas básicas. Nesse caso, a voz do nosso hipotético 2º sax-tenor deve executar a nota básica faltante. Observe as possibilidades de TCS para a tipologia maior com 7ª maior[28]:

Exemplo 74

---

[27] Ver WRIGHT, 1982.
[28] Em alguns casos houve um espaçamento de 10ª entre a tríade e a nota básica. Isso é importante para que se ressalte o som da tríade na camada superior.

É importante ressaltar que a tríade mencionada deve ser maior ou menor, na medida em que as tríades aumentadas e diminutas pertencem a estruturas simétricas, e deve estar sempre em posição fechada. Passemos agora para os exemplos da tipologia menor: quando esta estiver trazendo uma 6ª maior, exercerá a função de repouso, de I ou IV grau na tonalidade menor e, quando estiver trazendo a 7ª menor, exercerá função de subdominante (II grau) na tonalidade maior, ou seja, a de preparação da dominante:

Exemplo 75

Já a tipologia dominante apresenta duas possibilidades: dominantes que preparam acordes maiores e dominantes que preparam acordes menores. Como "tudo que serve ao menor serve ao maior", pode se usar as dominantes alteradas para a preparação de acordes maiores, mas o contrário nem sempre é válido. Observe que nem sempre é possível se ter as duas notas básicas. Nesses casos opta-se pela 7ª e a tipologia utilizada passa a ser a do acorde *sus4* ou *sus4+* (acorde com a 4ª aumentada no lugar da 3ª). Em alguns casos a própria 7ª foi excluída, mas as extensões de 9ª aumentada e 13ª menor garantem a sonoridade "tensa" que caracteriza a função e o acorde dominante. No exemplo abaixo a cifra entre parênteses indica a tríade usada na camada superior e a cifra inferior, a sonoridade resultante do acorde.

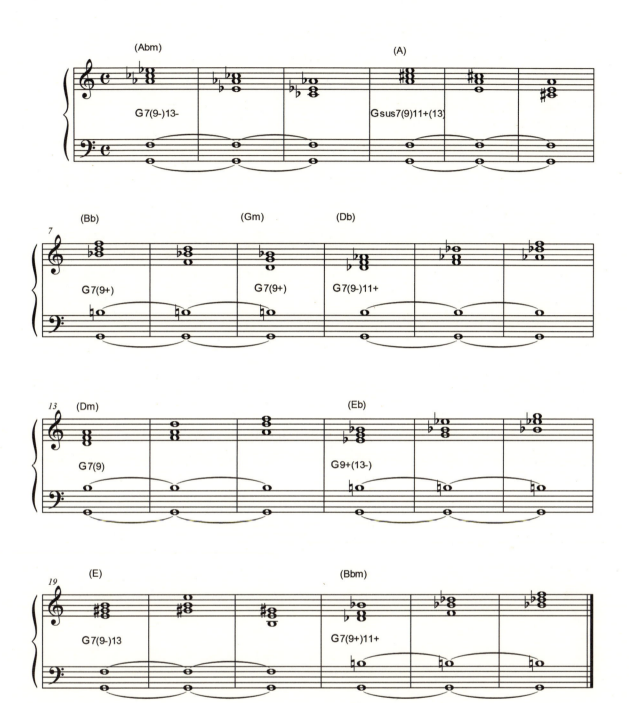

Exemplo 76

Tríades na camada superior (TCS)

Há ainda as seguintes possibilidades de aplicação de uma TCS na tipologia meio diminuta:

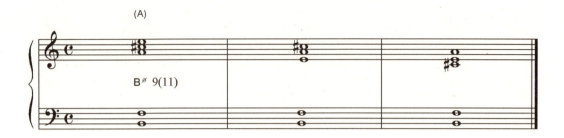

Exemplo 77

É necessário que o estudante toque cada um desses acordes, verificando cada extensão utilizada. A cadência abaixo apresenta uma modulação com o uso das dominantes auxiliares (DA), o subV e as TCS (tríades na camada superior).[29]

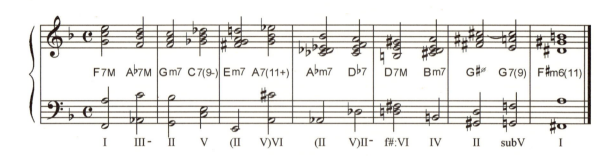

Exemplo 78

---

[29] Observa-se aqui, e em outros momentos, que a cifra não corresponde exatamente às notas inseridas no pentagrama em termos de extensões. Deve-se ter em mente que o mais importante é a função que a cifra indica. Por exemplo o segundo acorde Ab7M: não há tal extensão (7M) no acorde, entretanto, as extensões inseridas correspondem àquelas determinadas pelo modo lídio.

A cadência II subV secundária

Como extensão do substituto de dominante há o uso da subdominante natural que antecede a dominante secundária. É importante não confundir tal cadência com a **sub II V** que veremos adiante. Apenas a dominante é substituída, não a subdominante nessa cadência.

II	Dm7	EØ	F#Ø	Gm7	Am7	BØ
	(DØ)	(Em7)	(F#m7)	(GØ)	(AØ)	(Bm7)
SubV	Db7	Eb7	F7	Gb7	Ab7	Bb7
	C7M	Dm7	Em7	F7M	G7	Am7	BØ
	I	II	III	IV	V	VI	VII

Gráfico 29

Observamos também que o II correspondente aos acordes menores podem ser da tipologia Xm7, possibilidade advinda do campo menor melódico (bachiano), e o II correspondente aos acordes maiores podem ser meio diminutos. Observe na análise abaixo a ocorrência da resolução em picardia no V grau, indicada com (I). Outro dado relevante é o da dubiedade entre as tonalidades de LÁ menor e DÓ maior a partir do oitavo compasso. Exatamente nele há a indicação de iv/III, quer dizer, um acorde de função de subdominante menor do relativo maior (DÓ). Essa é a única explicação para essa ocorrência de Fm na tonalidade de LÁ menor e indica uma relação indireta.

Análise:

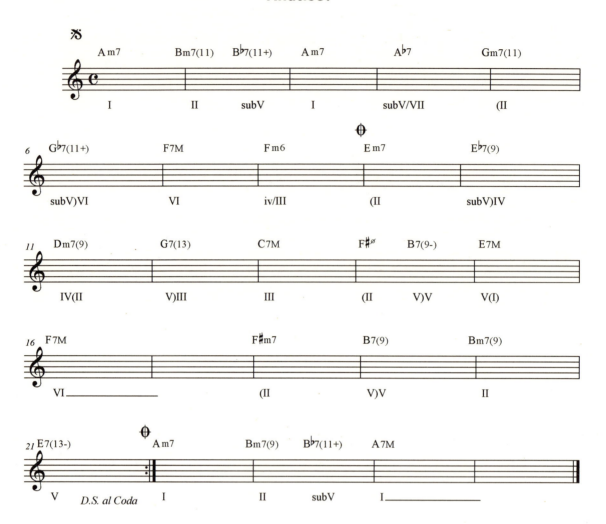

Exemplo 79

Construção de Encadeamento VI

Os encadeamentos abaixo apresentam nossas últimas aquisições: o substituto de dominante e a cadência **II subV** secundária mais o uso das TCS. O aluno deve construir exemplos semelhantes sempre partindo da composição harmônica seguida pela construção melódica, inserção do baixo e bloco.

Exemplo 80

Exemplo 81

Estruturas harmônicas fixas para improvisação (III): O *rhythm changes*

Assim como o *Be Bop* assimilou a estrutura harmônica do Blues criando uma série de "variações harmônicas" para ela, a canção "I Got Rhythm", de George Gershwin, também funcionou como parâmetro para o mesmo propósito. O próprio compositor criou uma obra com variações sobre este tema com dimensões sinfônicas (para piano e orquestra). Não apenas no período referido, mas, também em períodos posteriores, uma série de temas de jazz foram escritos a partir da estrutura harmônica do *rhythm changes*. Veja o gráfico abaixo:

```
A                                                    1x............... 2x....................
//: I6 / IIm7 V7 / I6 / IIm7 V7 / I6 IIIm7 / IV6 +IVo / I6 / V7 :// I6 V7 / I6 //
B
// III7 / % / VI7 / % / II7 / % / V7 / % //
A
// I6 / IIm7 V7 / I6 / IIm7 V7 / I6 IIIm7 / IV6 +IVo / I6 V7 / I6 //
```

Gráfico 30

Exercício em SIb maior

A partir da matriz apresentada pode-se construir uma série de variações partindo dos tópicos estudados, inclusive temas próprios. No presente exercício foram utilizados acordes e a cadências napolitanas, acordes de empréstimo modal e dominantes auxiliares. O estudante deve colocá-lo na tonalidade de SI bemol maior:

A

//: I7M -VI7 / -II7M V7 / IIIm7 -III7 / -VI7M V7 / -V7M I7alt / IV6 -VII7 /

1x ....2x....................................

/ -III7M VI7 / IIm7 V7 :// IIIm7 VI7 IIm7 V / I7M //

B

// -VII7M / III7 / -III7M / VI7 / -VI7M / II7 / -II7M / V7 //

A

// I7M -VI7 / -II7M V7 / IIIm7 -III7 / -VI7M V7 / -V7M I7alt / IV6 -VII7 /

/ IIIm7 VI7 IIm7 V / I7M //

---

[30]

Gráfico 31

---

[30] Correção

A I   V/II-   II-   V   III V/VI-   VI-   V   (II- V)IV   IV   V/III-
//: Bb7M Gb7 / B7M F7 / Dm7 Db7 / Gb7M F7 / E7M Bb7alt / Eb6 Ab7 /

1x (II- V)II   II   V   2x (II- V)II II   V   I
/ Db7M G7 / Cm7 F7 :// Dm7 G7 Cm7 F7 / Bb7M //

B (II- V)VI (II-   V)II (II-   V)V   II-   V
// Ab7M / D7 / Db7M / G7 / Gb7M / C7 / B7M / F7 //

A   // Bb7M Gb7 / B7M F7 / Dm7 Db7 / Gb7M F7 / E7M Bb7alt / Eb6 Ab7 /

/ Dm7 G7 Cm7 F7 / Bb7M //

Harmonização de melodia tonal: maior

Realizaremos novamente uma harmonização de uma melodia em tonalidade maior. Os passos rítmicos são os mesmos das harmonizações anteriores e os recursos, ampliados: os próprios pilares se expandem com o uso do empréstimo modal (VI-) e pode-se introduzir dominantes substitutas (subV), acordes e cadências napolitanas (II-) e cadência II V auxiliar. A melodia abaixo foi retirada do livro "Cocos", de Mário de Andrade.

Exemplo 82

Procure tocar e ouvir atentamente o exercício e realizar harmonizações semelhantes a partir do exemplo dado.

Harmonização de melodia tonal: maior

Modulação às 5ª, 6ª e 7ª tonalidades no círculo das quintas: modulação enarmônica

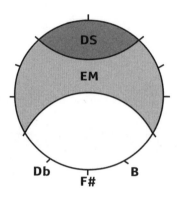

Desenho 6

A modulação às tonalidades distantes em 5, 6 e 7 ciclos de Quintas conquista os últimos terrenos tonais que restam no mencionado círculo, como demonstra o desenho acima. Os terrenos cinza escuro e claro correspondem aos domínios das Dominantes Secundárias (DS) e Empréstimo Modal (EM), respectivamente. Tal modulação implica sempre uma dupla interpretação de um determinado acorde, por isso, alguns antigos tratadistas tratavam esse tipo de modulação pelo nome de modulação enarmônica, o que vale mais para a harmonia notada do que para a cifrada. O meio modulatório para se atingir tais tonalidades são as nossas últimas aquisições harmônicas: o acorde napolitano (II-) e os de 6ª aumentada (SubV). Para que ocorra tal dupla interpretação, qualquer acorde X7M ou X7 pode ser interpretado ou lido como napolitano (II-) ou subV[31]. Veja os exemplos:

---

[31] Schoenberg, em seu *Tratado de Harmonia*, ensina primeiro a realizar essas modulações em etapas. Por exemplo: de Dó maior para Lá maior e desta última para FÁ# maior. Em um segundo momento o autor passa a propor modulações diretas. Como, no caso, os acordes estão saturados por extensões, achei mais conveniente seguir diretamente para a segunda etapa.

- De DÓ para SI maior:
     II   V   I= II- V   I   V/II   VI- subV   I
  // Dm7 G7 / C7M F#7 / B7M G#7 / G7M C7(9) / B7M //

- De DÓ para FÁ # maior:
     I subV/II II V=subV   I   subV/V   V................. I
  // C7M Eb7 / Dm7 G7 /   F#7M D7(9) / C#sus C#7(9-) / F#7M //

- De DÓ para RÉb maior com opção para SOL# menor:
     II   V   I V/II=subV/V V   (II V)II II   subV   I
  // Dm7 G7 / C7M A7 /   Absus Ab7 / Fm7 Bb7 / Ebm7 D7(9) / Db7M //
                =subV   I   VI   II   V   I
                G#m7 E7M / A#Ø D#7 / G#m7M //

Gráfico 32

O estudante pode analisar músicas como "Sophisticated Lady", de Duke Ellington, conforme o exemplo abaixo. Observe as igualdades quando se modula de RÉb maior para RÉ, do acorde de A7 que é subV/V na primeira tonalidade igual ao Vgrau da segunda; na modulação de RÉ para DÓ maior a igualdade se dá no próprio acorde de C7M, VII- da primeira tonalidade e I grau da segunda. Por fim, o último acorde que perfaz a re-modulação, ou seja, a modulação de volta à tonalidade original se dá na igualdade do acorde de Bb7 que é subV/VI de Dó maior e V/II de RÉ bemol maior. Esta última sequência (C7 B7 Bb7) também poderia ser analisada como uma série de subV encadeados, para isso poder-se-ia indicar com um sinal a resolução de uma dominante na outra como uma seta, por exemplo, ao modo de Ian Guest (Vol.2, 1996). Nesse ponto, realmente, pode ocorrer mais de uma análise para o mesmo caso e nenhuma exclui a outra. O critério de adoção entre uma ou outra pode basear-se, por exemplo, na percepção.

Análise de modulação:

Exemplo 83

Escalas simétricas

O compositor francês Olivier Messian compôs parte de sua obra baseada naquilo que chamou de "modos de transposição limitada". É claro que os modos tradicionais não possuem um número ilimitado de transposições no sistema temperado, mas os modos aqui tratados possuem um número menor de possibilidades de transposições, pois, ao fazê-las, incorrem na mesma configuração intervalar do modo anterior, coisa que não acontece com os modos convencionais. O primeiro modo é a conhecida escala de tons inteiros que divide a gama de doze sons em seis partes iguais. Todos os graus gerados pelo campo harmônico dessa escala possuem a mesma tipologia, devido à simetria da escala: Dominante com 9ª maior, 11ª aumentada (enarmonização da 5ª diminuta) e 13ª menor. Ela pode ser aplicada em acordes dominantes, tenham função de V ou de subV e não tem notas evitadas.

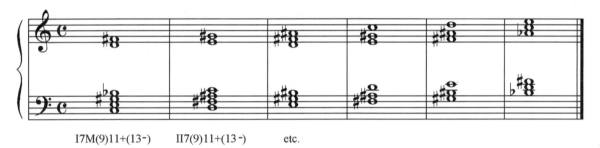

Exemplo 84

O 2º modo é conhecido como escala octatônica e, no meio da música popular por seus modos Dom-Dim e Dim-Dom. Ela divide a oitava em oito partes desiguais e as tipologias harmônicas se repetem de dois em dois, ora um acorde diminuto, ora um acorde dominante. Quando o modo começa com um intervalo de semitom, o acorde gerado é de tipologia dominante, daí o seu nome Dom-Dim (dominante-diminuto). E, quando o modo começa com um intervalo de um tom inteiro, o acorde gerado é de tipologia diminuta e seu nome é Dim-Dom (diminuto-dominante). Observe que as dominantes possuem: 9ª menor e aumentada, 11ª aumentada e 13ª maior e os diminutos 7ª maior, 9ª maior, 11ª justa e 13ª menor. Isto quer dizer que, do ponto de vista dos modos artificiais (aqueles que não possuem nota evitada), o modo da escala octatônica que gera o acorde diminuto (Dim-Dom) corresponde a tal aplicação, pois os modos anteriores – lócrio diminuto e o 7º modo da escala maior harmônica – possuíam notas evitadas (2ª menor nos dois modos e 4ª diminuta no primeiro). Também o modo Dom-Dim não possui notas evitadas.

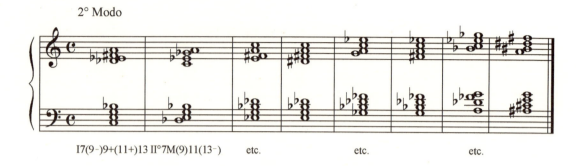

Exemplo 85

O estudante pode inserir os modos, além de tocá-los sobre a harmonia, aplicando as escala simétricas, em temas como "Body and Soul" (F. Green *et al*) conforme o exemplo:

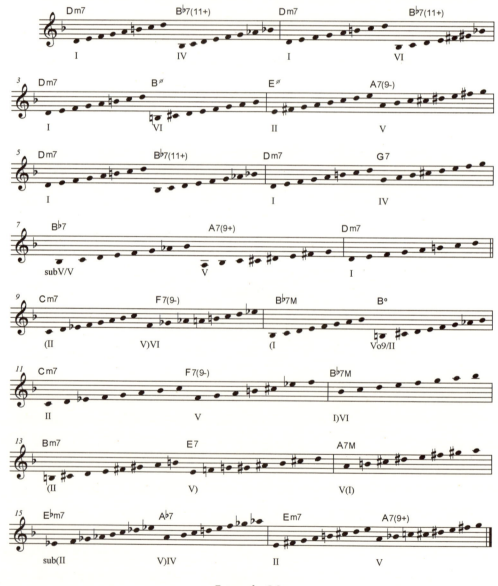

Exemplo 86

A posição espalhada

Quando apresentamos os acordes construídos a partir da sobreposição de Quintas comentamos o fato de ele ser uma tipologia especial dentro da categoria dos *Spreads* (posição espalhada). No que consiste essa abertura? Ele procura uma máxima distância entre as vozes dentro dos seguintes critérios:

1. Intervalo máximo de 7ª entre as vozes, com exceção do baixo e a voz adjacente onde a distância é livre;
2. Notas básicas dos acordes presentes, conforme critério adotado para a construção dos acordes quartais, por Quintas e TCS;
3. Intervalo de 9ª menor proibido entre quaisquer das vozes, exceto entre o baixo e a 9- do acorde dominante;
4. Proibição do intervalo de 2ª menor na ponta (vozes extremas no agudo).

Vemos que, a partir daqui, não é extremamente necessário verificar cada abertura isoladamente, mas olhar o caminho individual de cada voz. Às vezes pode acontecer do *spread* cair em uma posição prédeterminada como *Drops* e acordes *quartais*, mas isso não tem problema no ponto onde estamos. Observe os exemplos abaixo: a melodia e o baixo estão dados pela cifra[32]:

Exemplo 87

---

[32] Verifica-se que o acorde Ebm6/Gb trata-se de uma falsa inversão, esse acorde isolado irá soar um Gb6(11+).

Construção de Encadeamento VII

O estudante pode construir cadências que realizem modulações para tonalidades distantes em cinco, seis e sete ciclos de Quintas. Além disso, é possível utilizar como extensão as dissonâncias disponíveis nos modos simétricos bem como posições espalhadas. A construção melódica dará a nota da ponta e o baixo virá da ideia harmônica do aluno. Analise o exemplo abaixo:

Exemplo 88

Observe a próxima cadência que vai de FÁ maior para MI maior (cinco ciclos de Quinta) e se vale da igualdade entre V/IV de Fá maior e subV da nova tonalidade. Entretanto, no lugar da resolução no I grau, a dominante se resolve no III (mediante), dando movimento ao exercício. O acorde diminuto do 5º compasso apresenta a extensão de 7ª maior, disponibilizada pela escala Dim-Dom. Cifre o exemplo seguinte:

Exemplo 89

Cadência sub II V

Como extensão do substituto de dominante (subV), há a possibilidade de um acorde substituto de subdominante ("subII"), ou seja, uma tétrade menor com 7ª menor ou meio diminuta correspondente ao subV. Observe as linhas e colunas abaixo:

Sub II	AbØ	Bbm7	Cm7	C#Ø	EbØ	Fm7
Sub V	Db7	Eb7	F7	F#7	Ab7	Bb7
	C7M	Dm7	Em7	F7M	G7	Am7
	I	II	III	IV	V	VI

Gráfico 33

Observe que as cadências obedecem à lógica do subV, ou seja, quando o substituto de dominante prepara um acorde maior do campo, ele corresponde à tipologia do modo alterado e, portanto, o substituto do II é um acorde meio diminuto e, quando o subV substitui a dominante de um acorde menor no campo, ele corresponde à tipologia do modo *mixo11+* e o subII correspondente é um acorde menor com 7ª menor. Entretanto, como "tudo que serve ao menor serve ao maior", pode-se utilizar a cadência **sub II V** que se dirige a um acorde maior no campo com os acordes menor com 7ª (dórico) e dominante (*mixo11+*), o que, de fato, é muito mais comum.

O estudante pode analisar músicas como "Somos todos Iguais Nesta Noite", de Ivan Lins & Victor Martins, conforme o exemplo abaixo[33]:

---

[33] Percebe-se que se trata de um exemplo bastante complexo, cheio de modulações (indicadas através das igualdades) que talvez seja mais bem explicado através das próximas ferramentas.

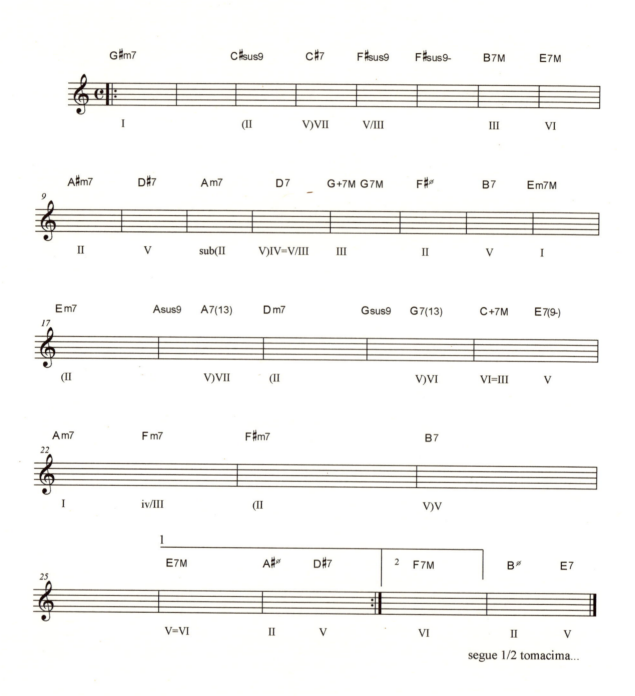

Exemplo 90

Exercícios

Blues em FÁ maior

Neste exercício inserimos algumas cadências **sub II V** na estrutura harmônica do Blues. O estudante deve colocar as cifras na tonalidade indicada e encontrar não somente as cadências **sub II V**, mas também as cadências secundárias.

> //: I7 / VIIØ III7 / VIm7 II7 / Vm7 I7 / IV7 / IVm7 -VII7 /
>
> / IIIm7 VI7 / -IIIm7 -VI7 / IIm7 / -VIm7 -II7 / I7 VI7 / IIm7 V7 ://

Gráfico 34

Blues em MI menor

> //: Im6 / IVm6 / Im6 / -IIm7 -V7 / IVm6 / -VIm7 -II7 / Im6 /
>
> / IIIØ VI7 / -VI7 / IIØ V7 / Im6 -III7 / -VI7 V7 :// [27]

Gráfico 35

Pode-se analisar aqui o tema "West Coast Blues", de Wes Montgomery, e conferir como as cadências sub II V foram inseridas.

---

[34] Resposta:

> I   (II V)VI   (II V)V (II V)IV IV sub(II V)VI
> //: F7 / EØ A7 / Dm7 G7 / Cm7 F7 / Bb7 / Bbm7 Eb7 /
>
>   (II V)II Sub(II V)V   II   Sub(II V)   I V/II   II   V
> / Am7 D7 / Abm7 Db7 / Gm7 / Dbm7 Gb7 / F7 D7 / Gm7 C7 //
>
>   I   IV   I sub(II V)IV IV sub(II V)
> //: Em6 / Am6 / Em6 / Fm7 Bb7 / Am6 / Cm7 F7 /
>
>   I sub(II V)VI VI   II V   I V/VI VI V
> / Em6 / G#Ø C#7 / C7 / F#Ø B7 / Em6 G7 / C7 B7 ://

O conceito da monotonalidade

No livro "Funções Estruturais da Harmonia", o compositor Arnold Schoenberg criou uma hierarquia entre tonalidades, acordes e regiões em função de uma determinada tonalidade. Para ele, qualquer evento harmônico poderia ser justificado como pertencente a uma única tonalidade por mais distante que esteja (desde que seja corretamente interpretado). Partindo da ideia de expansão da tonalidade através do Círculo das Quintas, percebemos que as modulações às tonalidades vizinhas e relativas no círculo implicavam as relações das dominantes secundárias (DS); também que as modulações às tonalidades distantes em duas, três e quatro tonalidades no círculo implicam o campo de ação do empréstimo modal (EM) e, se modulamos agora para as quintas, sextas e sétimas tonalidades no círculo, a inclusão de tais regiões dentro de um centro tonal único implica a Monotonalidade (MT), como demonstra o desenho que teria como centro a tonalidade de DÓ maior.

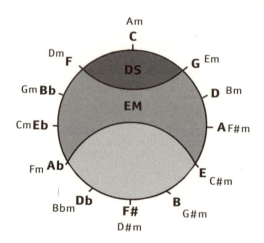

Desenho 7

A partir disso Schoenberg classificou as relações entre as regiões tonais. Aqui há algumas adaptações da proposta do autor que leva em consideração o próprio círculo das Quintas e a eliminação de algumas relações enarmônicas que são, na maioria dos casos, desconsideradas na música popular.

Tonalidade maior

1. **Direta:** **SD** [subdominante ou IV grau maior], **D** [Dominante ou V grau maior], **sm** [submediante ou VI grau menor], **m** [mediante ou III grau menor], **dor** [dórico ou II grau menor]. **Campo das Dominantes Secundárias (Regiões vizinhas);**
2. **Próxima: A.: através da mesma dominante:** (1) **t** [tônica ou I grau menor], **sd** [subdominante ou IV grau menor], **v** [dominante ou V grau menor]. (2) **SM** [submediante ou VI grau maior], **M** [mediante ou III grau maior]. **S/T** [supertônica ou II grau maior], **B.: Através da Transposição Proporcional: bM** [mediante bemol ou III- grau maior], **bSM** [submediante bemol ou VI- grau maior], **Np** [napolitano ou II- grau]. **Empréstimo Modal** (tonalidades distantes e 2°, 3° e 4° graus no ciclo de 5as);
3. **Indireta: bm** [mediante bemol ou III- grau menor], **bsm** [submediante bemol ou VI- grau menor];
4. **Remota: bMD** [-VII grau], **bmv** [V grau menor da mediante bemol menor: sib menor em dó maior];
5. **Distante:**
   MSM, Msm, SMM, SMm, SMSM. SMsm, S/Tm, S/TSM, S/Tsm, bmvM etc.

Tonalidade menor

1. **Direta: M** [mediante ou III grau maior], **T** [tônica ou I grau maior], **v** [dominante ou V grau menor], **sd** [subdominante ou IV grau menor], **SM** [submediante ou VI grau maior], **subT** [subtônica ou -VII grau maior];
2. **Próxima: D** [dominante ou V grau maior], **Np** [napolitano ou II - grau maior], **SD** [subdominante ou IV grau maior];
3. **Indireta: m** [mediante ou III grau menor], **sm** [submediante ou VI grau menor], **subt** [subtônica ou VII- grau menor]; **#sm** [submediante sustenida ou VI+ grau menor: fá# menor em lá menor], **#m** [mediante sustenida ou III+ grau maior: dó# menor em lá menor],
4. **Remota: #SM** [submediante sustenida ou VI+ grau menor: fá# maior em lá menor], **#SM** [submediante sustenida ou VI+ grau maior], **#M** [mediante sustenida ou III+ grau maior];
5. **Distante: Todas as outras regiões.**

Veja a análise que se segue. Observe que em alguns pontos é preciso forçar a interpretação para viabilizar a análise. Por exemplo, o acorde de E7M em dó maior. Trata-se de uma picardia no III grau que não se estabiliza como modulação, a letra **M** indica a região da mediante maior. O mesmo vale para o B7M analisado simplesmente como VII e com a indicação **M/D**, ou seja, mediante maior da dominante. Outro dado relevante é o da dupla função de certos acordes como o C7M do primeiro compasso, que é ao mesmo tempo I e VI da cadência secundária VI- V de MI menor. Esse V do III (B7) também cumpre dupla função, por ser subV do VII-,

O conceito da monotonalidade | 111

acorde seguinte (Bb+7M), e assim por diante. É importante ressaltar nessa música o uso insistente da tipologia aumentada com 7ª maior (X+7M), que não deixa de ter um certo nível de "errância" ou estranheza nesse contexto. Pode-se analisar, neste ponto, temas como "Very Early", de Bill Evans.

Análise monotonalidade

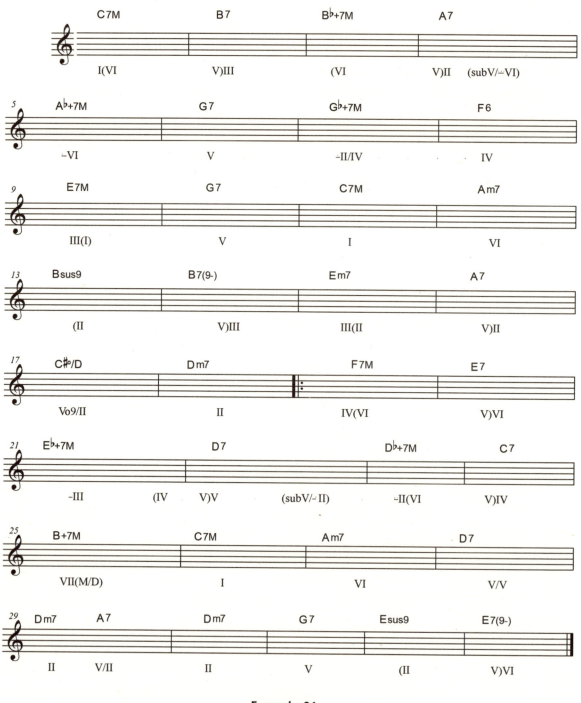

Exemplo 91

O *Coltrane Changes*

A partir do conceito da monotonalidade podemos lançar luz em músicas que ficariam sem análise ou se encaixariam dentro de novos padrões. É o caso do *Coltrane Changes*. Em 1959 o saxofonista nort- americano John Coltrane lançou o álbum "Giant Steps". Na faixa de título homônimo há o uso de três tonalidades equidistantes no círculo das Quintas: SI, SOL e MI bemol maior. São equidistantes porque a distância de uma para outra tonalidade é sempre de 3ª maior e as tônicas das três respectivas tonalidades formariam, se sobrepostas, uma tríade aumentada, ou seja, uma tríade simétrica. Tomamos como tônica central apenas uma das tonalidades (SI); entretanto, quando se toma qualquer uma das outras duas, a relação entre as tonalidades permanece a mesma.

```
        I    V/VI- VI-  V/III III   (II V)VI- VI-  V/III III    V
 //: B7M  D7 / G7M  Bb7 / Eb7M / Am7  D7 / G7M  Bb7 / Eb7M  F#7 /

          I   (II V)III III   (II V)VI- VI-    II    V
     / B7M / Fm7  Bb7 / Eb7M / Am7  D7 / G7M / C#m7  F#7 /

               I   (II V)III III   II    V
          / B7M / Fm7  Bb7 / Eb7M / C#m7 F#7 ://
```

Gráfico 36

Observe que Eb7M é entendido como III grau, ou seja, entende-se a incorporação desse acorde na tonalidade de SI maior. O mesmo acontece com G7M, muito embora a incorporação do VI- seja mais usual. Resumindo, "Giant Steps" perpassa as tonalidades da seguinte maneira no Círculo das Quintas:

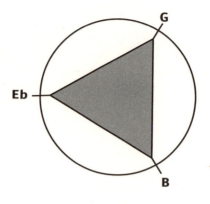

Desenho 8

A partir dessa relação entre essas tonalidades, Coltrane criou uma cadência que "gira" simetricamente no Círculo das Quintas voltando à tonalidade original. Coltrane inseriu sua cadência na música "Tune-Up", de Miles Davis, e assim criou o tema intitulado "Count Down", fazendo jus à tradição jazzística do *Be Bop* de se escrever um novo tema a partir de uma variante de um esqueleto harmônico préfixado.

```
       II    V/VI-  VI-  V/III  III   V    I
// Em7 (F7 / Bb7M C#7 / F#7M) A7 / D7M /

      (II    V/VI-  VI-  V/III  III  V    I)VII-
/ Dm7 (Eb7 / Ab7M B7 / E7M) G7 / C7M /

      (II    V/VI-  VI-  V/III  III  V    I)VI-
/ Cm7 (Db7 / Gb7M A7 / D7M) F7 / Bb7M /

       II       V/VI-       VI-        V
/ Em7         / F7        / Bb7M    / A7      /
```

Gráfico 37

Os acordes entre parênteses representam a inserção da cadência do Coltrane na harmonia de Miles Davis. Cada barra dupla apresenta, no *standard* original, uma cadência <u>II V</u> do I, do VII- e do VI-. Coltrane substitui tais cadências pelo *Coltrane Changes* (II V/VI- VI- V/III III V) I, passando por seis tonalidades no total, dispostas da seguinte maneira no Círculo das Quintas[35]:

---

[35] Essa figura foi sugerida pelo professor de guitarra Aldo Landi.

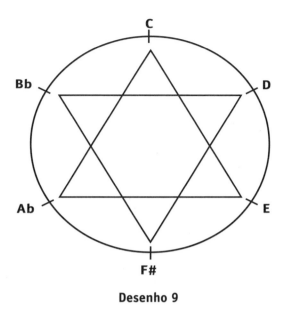

Desenho 9

O estudante sabe agora que, sempre que houver um cadência **II V I** que ocupe quatro compassos, ela pode ser substituída, ainda que só a título de improvisação sobreposta, pelo *Coltrane Changes*. Pode-se praticar aplicando-o, por exemplo, nas seções **B** de "Wave" ou "Samba de Uma Nota Só", de Tom Jobim. Podemos também abstrair a ideia do *Coltrane Changes* e ampliá-lo para outras simetrias entre tonalidades, por exemplo, por terças menores, tons inteiros, adaptando-o com a cadência **II V** na tonalidade menor etc.

Tríades não diatônicas sobre baixos diatônicos

As tipologias harmônicas que recebem o título acima corresponderiam àquelas tríades que, hipoteticamente, não possuiriam modos ou escalas correspondentes. Entretanto, como veremos adiante, mesmo para esses acordes encontramos modos baseados nas escalas estudadas (maior, menor harmônica, melódica, maior harmônica e escalas simétricas), o que torna tal nomenclatura imprópria, mesmo porque, em certas aplicações dessas tríades, é o baixo que não é diatônico e a tríade é diatônica. As tríades abaixo são classificadas como pertencentes a esta categoria, também chamadas de tríades estranhas: tríades maiores na 7ª maior, 6ª maior, trítono (4ª aumentada ou 5ª diminuta), 3ª maior e tríades menores na 6ª menor, no trítono e na 2ª menor do baixo[36].

Exemplo 92

Abaixo colocaremos os modos correspondentes a cada acorde. Para o B/C, ou seja, para a relação de 7ª maior entre baixo e tríade temos as seguintes possibilidades:

---

[36] A não ser que o termo diatônico seja somente aplicado aos modos gregorianos.

Exemplo 93

O modo lídio diminuto corresponde à escala maior harmônica iniciada no 4º grau. Para a tríade que se dá na 6ª maior do baixo (A/C) têm-se as seguintes possibilidades:

Exemplo 94

O terceiro modo é o da escala maior harmônica a partir da 5ª. Para a tríade que se dá na relação de trítono em relação ao baixo só há um modo da escala octatônica:

Exemplo 95[37]

A tríade maior que se dá na 3ª maior do baixo também pode ser interpretada como um acorde aumentado com 7ª maior (C+7M) e três modos podem ser associados.

Exemplo 96

---

37 Para essa situação também seria possível o modo lócrio mas , nesse caso, seria ferido o princípio do não-diatonismo na medida em que o referido modo é uma rotação da escala diatônica.

Tríades não diatônicas sobre baixos diatônicos

Já para as tríades menores as possibilidades de modos diminuem: para as tríades menores na 6ª menor e no trítono em relação ao baixo há uma possibilidade para o primeiro: escala menor harmônica e DIM-DOM e, para o segundo, DOM-DIM e escala menor harmônicas 2ª abaixo (lócrio diminuto).

Exemplo 97

Por último, para a tríade que se situa 2ª menor acima do baixo, pode se usar o 7º modo das escalas menor harmônica e melódica.

Exemplo 98

Tais tipologias harmônicas e modos foram utilizadas no jazz a partir dos anos 1970, principalmente por aqueles músicos ligados ao jazz europeu da gravadora ECM *records*, como Keith Jarrett, Ralph Towner e seu grupo Oregon, Jan Garbarek, Miroslav Vitous, entre outros e, no Brasil, por Egberto Gismonti e Hermeto Pascoal. Observe a análise e a aplicação dos modos abaixo. Quando se trata de uma tríade não diatônica colocamos o grau da análise a partir do baixo com o asterisco e, do contrário, indicamos o grau a partir da fundamental do acorde. Também se trata de um exemplo "monotonal" por assim dizer, pois parte da tonalidade de DÓ maior expandida e termina em um acorde de FÁ sustenido menor triádico que, de tão simples, não necessita apontar o modo correspondente (o modo de FÁ# eólio do compasso 10 continua valendo nos compassos 11 e 12). Cifre ao acordes na pauta.

Análise e modos com tríades não diatônicas

Exemplo 99

Situações cadenciais

De maneira geral, quando se utilizam apenas tríades não diatônicas se tem uma sensação quase "atonal", ou pelo menos "pan-tonal", para não usar o termo bitonal que, a meu ver, não corresponde à sensação auditiva. Acredito que não ouvimos duas tonalidades (modalidades) paralelas em Stravinsky ou Bártok, por exemplo, mas um terceiro termo advindo da sobreposição[38]. Entretanto, há uma série de situações cadencias onde esses acordes foram inseridos de maneira sutil, sem que haja uma forte ruptura estilística. Músicos como Toninho Horta fizeram uso deles nessas situações. Observe que, para que tenhamos cinco vozes como as demais aberturas, pode-se fazer um reforço de 5ª justa ou de 3ª maior com o baixo. Às vezes também a 7ª menor é acrescentada à tríade não diatônica.

Exemplo 100

Exemplo 101

---

[38] "O ouvinte não percebe realmente as quatro tonalidades, mas experimenta a impressão de uma constante modulação harmônica – o que Schoenberg chama [...] tonalidade flutuante", Searle, Humphrey (46).

Construção de Encadeamento VIII

Sugerimos agora a construção de uma cadência que reúne nossos últimos tópicos: monotonalidade, *coltrane changes* e tríades não diatônicas. Para tal, basta que se use um baixo pedal na tônica, dominante ou no subV da tonalidade e realizar um *Coltrane Changes* sobre o pedal. Forçosamente, alguns acordes irão se dispor na categoria da tríade não diatônica. Precisamos apenas estar atentos às disposições de vozes.

Exemplo 102

O próximo exemplo apresenta o uso da situação cadencial da tríade estranha (segundo acorde do c.2) e o uso do *coltrane changes* com baixo pedal na dominante como cadência que afirma a nossa última modulação: de seis tonalidades no Círculo das Quintas (de SOL maior à RÉ bemol maior).

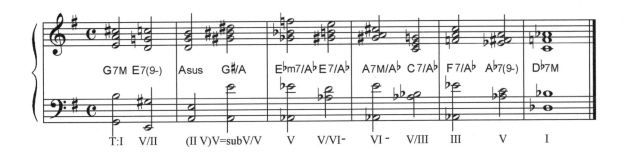

Exemplo 103

O Exemplo 104 apresenta o mesmo tipo de modulação (de SIb a SI maior) a partir da igualdade entre o VII- (Ab7) que cumpre função de V do II na nova tonalidade. Entretanto, não se utilizou o baixo pedal, o que torna menos clara a modulação. Verifique através da cifragem:

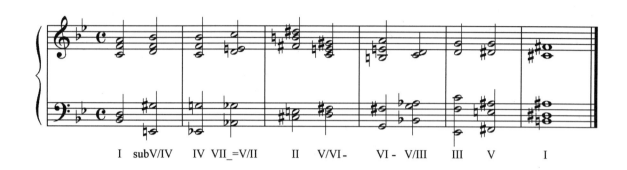

Exemplo 104

Harmonia modal

A partir do final da década de 1950 e início dos anos 1960 tanto o jazz – a partir da fase *Cool* – como a música brasileira – a partir da Canção de Protesto – passaram a fazer uso, por caminhos e procedimentos diversos, de um modalismo que se transpôs do nível melódico ao nível harmônico[39], ou seja, houve a transposição de uma polarização diatônica em torno de uma determinada nota da escala para uma polarização em um determinado grau de um campo harmônico. Na minha tese de doutorado (Tiné, 2008) pude categorizar esses procedimentos a partir da análise de obras de Luiz Gonzaga, Jackson do Pandeiro, Edu Lobo, Baden Powell e Milton Nascimento. O primeiro procedimento se dá quando se evita a relação dominante-tônica e suas derivações como, por exemplo, o uso do acorde diminuto com função de dominante, o uso do subV e cadências derivadas. Seguem abaixo algumas possibilidades de gêneros modais:

1. Cadência Modal: a música ainda é tonal, mas com cadência de sabor modal. Observe no Exemplo 105 abaixo que a única relação V(dominante) I se dá na cadência **II V** do VI. Em todos os outros pontos a harmonia parece evitar tais relações. Há também o uso das tríades não diatônicas (apontadas por asteriscos e com os modos correspondentes) e o uso do *modal vamp*, que é o próximo procedimento modal a ser demonstrado. Entretanto, este não se dá dentro de um mesmo campo harmônico, por isso o nome de *vamp híbrido*. Há também o uso da cadência plagal com o acorde napolitano que se aproxima, dependendo do contexto, de uma sonoridade advinda do modo *frígio*. O estudante pode analisar temas como "Vera Cruz", de Milton Nascimento.

---

[39] Há uma grande controvérsia a respeito da existência ou não de uma harmonia modal, ou pelo menos a respeito da pertinência desse termo. Acredito que, sob certas condições, isso aconteça, principalmente do ponto de vista da percepção através dos procedimentos demonstrados.

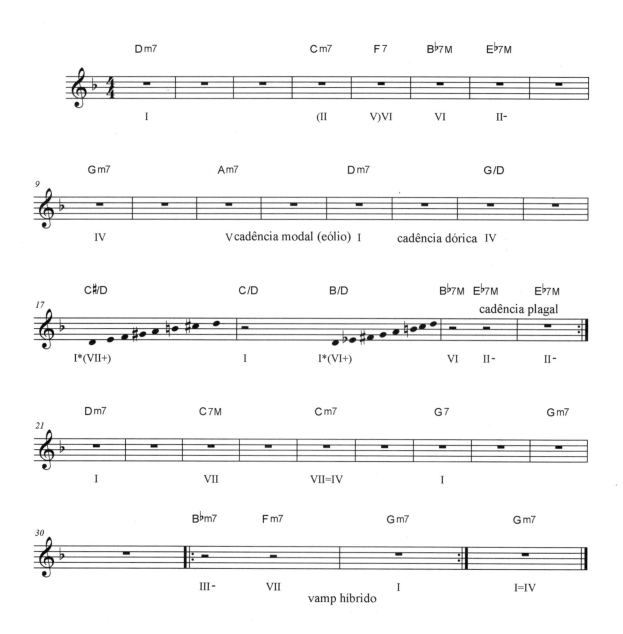

Exemplo 105

2. *Modal Vamp*: repetição durante um determinado tempo de dois acordes, polarizando um deles sem o artifício da dominante. Normalmente uma seção inteira de uma canção pode permanecer em um mesmo *vamp*, como nos casos de alguns afro-sambas de Baden Powell.[40]

---

[40] A maioria das sequências apresentadas nos exercícios denominados "Descubra o Tom" já se tratava de *vamps* modais. Entretanto, naquele momento tais implicações não interessavam devido à possibilidade de o estudante se confundir com um excesso de informação.

I IV (modo *dórico*)	I II (modo *lídio*)	I VI (modo *eólio*)
//: Dm7 / G7 ://	//: C7M D/C ://	//: Am7 / F7M/A ://

Como se viu no exemplo 105, o *vamp* pode ser híbrido quando os dois acordes não pertencerem ao mesmo campo harmônico, como no final de temas como "Dolphin Dance" (Herbie Hancock) e "Raven´s Wood" (Ralph Towner), que apresentam os seguintes *vamps*:

I VII	I VI
//: Am7(9) / Gm7 ://	//: Esus7(9)13 / C7M/E ://

3. O "acorde modal". Ele tem uma saturação de extensões de maneira a possuir todas as notas de um determinado modo, inclusive as notas evitadas. Historicamente esse procedimento partiu daqueles acordes formados por modos que não possuem nota evitada como "So What" de Miles Davis, que faz uso do modo *dórico*. Mas, a partir destes, o jazz expandiu este procedimento para outros modos, inclusive modos exóticos e orientais. Algumas músicas da maestrina norte-americana Maria Schneider apresentam a cifra da harmonia com o nome do modo, indicando a saturação mencionada. Aqui podem figurar também algumas possibilidades de abertura excluídas anteriormente como, por exemplo, alguns acordes quartais excluídos no contexto tonal. Ex.:

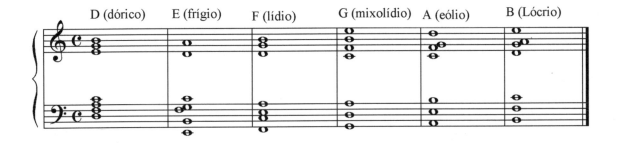

Exemplo 106

4. "Monomodalidade" ou "Pan-modalidade": uma série de acordes modais encadeados livremente. Por exemplo, a música "Mayden Voyage", de Herbie Hancock, na qual uma série de acordes de tipologia "*sus/mixolídio*" são encadeados tendo como eixo central a "modalidade" de RÉ, ou o Exemplo 107.

Exemplo 107

Neste exemplo apenas ocorreram duas tipologias: a do modo *Lídio* correspondente aos acordes maiores com 7ª maior e a do modo *Dórico* correspondente aos acordes menores com 7ª menor. Eles são livremente encadeados sem que haja nenhuma relação Dominante-Tônica na harmonia. A partir daqui é realmente complicado propor exercícios didáticos (cadências) com a utilização desses recursos harmônicos. A única possibilidade seria da composição de temas a partir desses elementos estudados. Ainda assim é possível pensarmos em termos de platôs modais atingidos tonalmente (através da relação dominante-tônica), sendo que estes podem ser mantidos nas formas apresentadas. Mais complicado ainda seria a realização consistente de exercícios de "monomodalidade", cujas regras só poderiam ser abstraídas através das análises desses e outros exemplos.

61

Harmonização de melodia modal

A partir dos estudos das possibilidades harmônicas modais passaremos, por fim, a harmonizar uma melodia com essas características. Com esse exercício introduzimos uma espécie de quinto procedimento ligado ao modalismo: o da harmonização tonal de uma melodia modal. Quer dizer, o harmonizador pode contrariar a polarização indicada pelo modo melódico, como vários exemplos de Luiz Gonzaga e Jackson do Pandeiro podem nos mostrar. Mas, aqui, procuramos afirmar modalmente as polaridades melódicas através do uso do acorde menor, que não tem função de dominante, no V grau. Os mesmos passos rítmicos dos exemplos anteriores foram aplicados. Observe que na primeira harmonização há o uso da cadência modal, correspondente ao modo. Nas segunda e terceira harmonizações há a introdução do *Coltrane Changes*. No entanto, em certos pontos, a melodia não "casaria" com a harmonia original do Coltrane. Esses acordes foram substituídos por tríades não diatônicas (a análise indicada através do asterisco). Conforme colocado, e principalmente nesse caso, o baixo é que não é diatônico e as tríades foram retiradas das próprias notas da melodia. A melodia abaixo foi retirada da Missão de Pesquisas Folclórica de 1938, dirigida por Mário de Andrade.

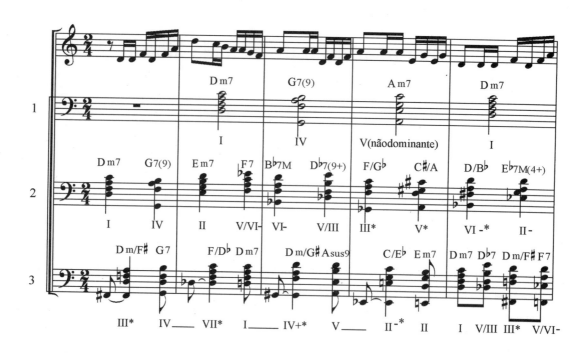

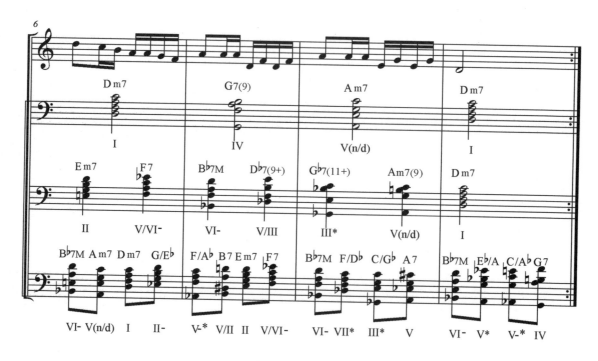

Exemplo 108

O aluno deve tocar várias vezes cada harmonização proposta e, depois, pode realizar exercícios similares introduzindo, inclusive, os acordes modalmente saturados.

Considerações finais (3ª Edição)

Esse livro, lançado há 9 anos, tentou contribuir e ampliar entendimentos teóricos e práticos sobre o assunto. Alguns conceitos que em anos passados pareciam tabu no meio musical parecem ter decantado e seu uso me parece mais tranquilo no meio musical. Não que tal fato tenha se dado em função do livro mas, de modo geral, o momento lhe pareceu propício. Outro fato interessante é o de que, apresar de sua espinha dorsal sair de uma visão teleológica do desenvolvimento da harmonia, na medida em que o tratado de Schoenberg trouxe estrutura a essa espinha, por outro, o fato dele desembocar no modalismo que, de modo oculto, estava presente nos exercícios iniciais, aponta para um modo "circular" de entender o fenômeno harmônico. Claro está que, de fato, há um grande hibridismo entre esses dois universos (modal e tonal) e uma boa dose de liberdade em tomar o conceito de "monotonalidade" e adaptá-lo para "monomodalidade". Entretanto, como colocado, se a aceitação de conceitos de harmonia clássica na música popular pareciam mais difíceis em tempos de outrora (o sus como equivalente do I6/4, a equivalência da região da supertônica com a da mediante em termos de relações hierárquicas, etc.) hoje certos rigores de definição parecem ter se afrouxado. Isso também se deve a própria arbitrariedade de algumas definições que, de fato, nada diferem da falta de rigor encontrada em meios populares. Por exemplo, as denominações das 6as napolitanas, germânicas, suiças e italianas não seriam mais inapropriadas do que o "empréstimo modal" que, de fato, é um fenômeno tonal ou dos inúmeros termos para os modos derivados das escalas menor harmônica e melódica. Por outro, o aprofundamento em casos como a diferença entre o -II (napolitano) e o -II7 (SubV) me parece fundamental e, assim, espero que essa seja uma entre outras possíveis contribuições desse livro.

Correção dos exercícios

A seguir se apresentam as correções dos exercícios propostos durante a obra:

Descubra o Tom I (pág. 3)

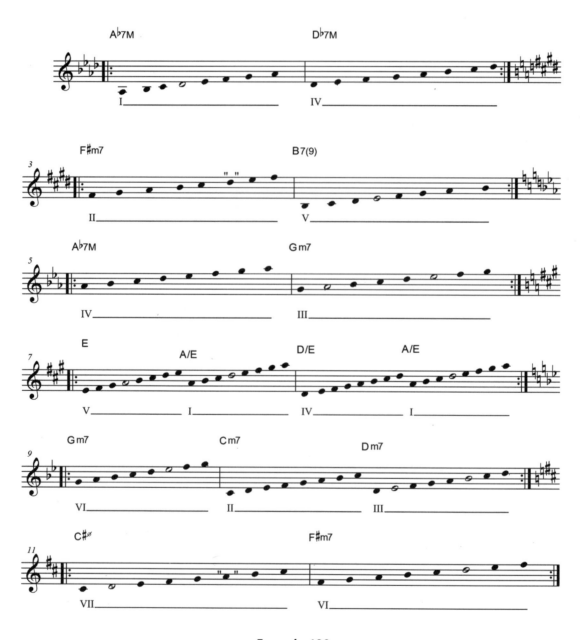

Exemplo 109

Descubra o Tom II (pág. 15)

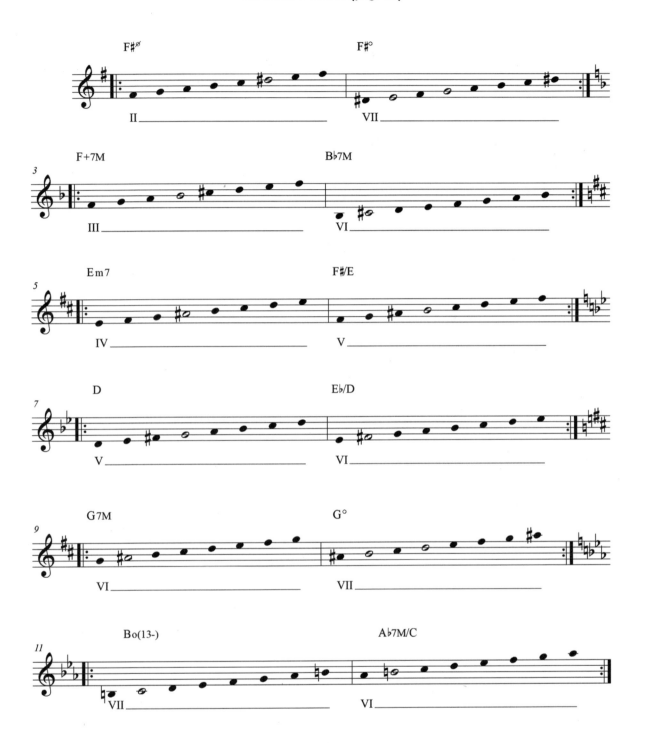

Exemplo 110

Descubra o Tom III (pág. 38)

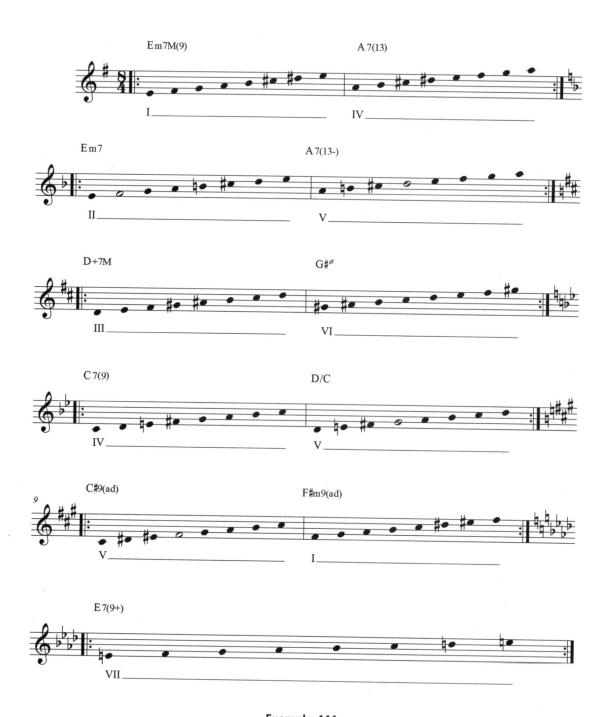

Exemplo 111

Bibliografia e Obras Consultadas

Livros, dissertações e teses

ALMADA, Carlos. *Harmonia Funcional*. Campinas: Ed. Unicamp, 2009.

ANDRADE, Mario. *Missões de Pesquisas Folclóricas*. São Paulo: Sesc, 2006.

_____. *Música de Feitiçaria no Brasil*. Belo Horizonte: Itatiaia, 2. ed., 1983.

_____. *Os Cocos*. Belo Horizonte: Itatiaia, 2. ed., 2002.

BARASNEVICIUS, IVAN. *Jazz, Harmonia e Improvisação*. São Paulo: Irmãos Vitale, 2009.

DUDEQUE, NORTON ELOY. *Harmonia Tonal e o conceito de Monotonalidade nos escritos de Arnold Schoenberg*. Dissertação de Mestrado. ECA-USP, São Paulo, 1997.

FREITAS, Sérgio Paulo Ribeiro de. *Teoria da Harmonia na Música Popular: Uma definição das relações de combinação entre os acordes na harmonia tonal*. Dissertação de Mestrado. São Paulo: UNESP, 1996.

_____. *Que acorde ponho aqui? Harmonia, práticas teóricas, e o estudo de planos tonais em música popular*. Tese de Doutorado. Campinas: IA-UNICAMP, 2010.

GUEST, Ian. *Arranjo*. Rio de Janeiro: Lumiar, 1996.

JAFFE, Andy. *Jazz Harmony*. Tübingen: Advanced Music, 2. ed., 1996.

MOTTE, Diether. *Armonia*. Trad. Luis Romano Haces. Barcelona: Idea Books, 1998.

PISTON, Walter. *Harmony*. New York: W.W. Norton & Company, 5. ed., 1987.

RIMSKY-KORSAKOV, N. *Tratado Practico de Armonia*. Trad. da 13. ed. russa por Jacobo y Miguel Ficher. Buenos Aires: Ricordi Americana, 1946.

RUSSELL, George. *The Lydian Chromatic Concept of Tonal Organization for Improvisation*. New York: Concept Publishing Company, 1959.

SCHENKER, Henrich. *Tratado de Armonia*. Trad. de Ramon Barce. Madrid: Real Music, 1990.

SCHOENBERG, Arnold. *Armonia*. Trad. de Ramon Barce. Madrid: Real Music, 1974.

_____. *Fundamentos da Composição Musical*. Trad. de Eduardo Seincman. São Paulo: Edusp, 1991.

_____. *Structural Functions of Harmony*. London: Willian and Norgate, 1976.

SEARLE, HUMPHREY. *El Contrapunto del Siglo XX*. Trad. Rosendo Llates. Vergara Editorial, S.A., 1957.

TINÉ, P. J. S. *Três Compositores da Música Popular do Brasil: Pixinguinha, Garoto e Tom Jobim. Uma análise comparativa que abrange o período do Choro a Bossa-Nova*. Dissertação de Mestrado. São Paulo: ECA-USP, 2001.

TINÉ, P. J. S. Harmonia no Contexto da Música Popular. *Videtur-Letras,* Vilnius – São Paulo, v. 6, p. 35-44, 2002.

––––––––––. *Procedimentos Modais na Música Brasileira: do campo étnico do Nordeste ao popular da década de 1960.* Tese de Doutorado. São Paulo: ECA-USP, 2008.

WRIGHT, Rayburn. *Inside Score.* New York: Kendor Mucis Inc., 1982.

ZAMACOIS, J. *Tratado de Armonia.* 7. ed. Barcelona: Labor, 1980.

Partituras

SOONGBOOK BOSSA NOVA. Rio de Janeiro: Lumiar, vol. 1-5, 1989.
THE REAL BOOK. Hal Leonard Corporation, 6. ed., s/d.

Publicações relacionadas ao autor

BANDAS DE SOPRO EM MOVIMENTO: Elefantes (DVD). São Paulo: Faina Moz, 2009 et al.

BANDAS DE SOPRO EM MOVIMENTO: Elefantes (DVD). São Paulo: Faina Moz, 2011 et al.

BIG BAND da SANTA. Ano 10. São Paulo: CD institucional FASM, 2010

LUDI & TINÉ QUARTETO. (CD) *Vento Leste.* São Paulo: Independente, 1997.

CASTELLANO, Victor. *Violões da Música Brasileira.* (CD) São Paulo: Independente, 2000.

––––––––––. *Violões da Música Brasileira II.* São Paulo: Independente, 2002.

QUATERNAGLIA. *Presença.* São Paulo: Paulus, 2004.

––––––––––. (DVD) São Paulo: Itaú Cultural, 2006.

––––––––––. *Jequibau.* (CD) São Paulo: Independente, 2012.

TINÉ, Paulo. *Quartetos.* (CD) São Paulo: Independente, 2008.

––––––––––. *Novos Quartetos & Canções.*(CD) São Paulo: Cooperativa de Música, 2012.

––––––––––. Paulo Tiné & Ensemble Brasileiro. São Paulo: Trattore, 2018.